lonely planet

DE CERCA

FLORENCIA Y LA TOSCANA

Nicola Williams y Angelo Zinna

Sumario

Arriba: Duomo, Florencia (p. 40).
Abajo: río Arno, Florencia.

Puesta a punto 4

El viaje empieza aquí 4
Imprescindibles 6
Tres días perfectos 18
Prepararse 20
Cuándo ir 22
Cómo llegar 24
Cómo desplazarse 25
Otra cara de Florencia 28

Explora Florencia y la Toscana ... 31

Del Duomo a Piazza della Signoria ... 33
Santa Maria Novella ... 61
San Lorenzo y San Marco ... 75
Santa Croce y Sant'Ambrogio ... 93
Boboli, San Niccolò y San Miniato al Monte ... 107
Oltrarno ... 121
Pisa ... 135
Siena ... 151

Guía práctica ... 173

Viajar en familia ... 174
Alojamiento ... 175
Comida, bebida y fiesta ... 176
Comunidad LGTBIQ+ ... 178
Salud y seguridad ... 179
Turismo responsable ... 180
Accesibilidad ... 182
Lo esencial ... 183
Idioma ... 184
Índice ... 186

DESDE ARRIBA IZDA.: MATTEO COLOMBO/GETTY IMAGES ©, SUTTIPONG SUTIRATANACHAI/GETTY IMAGES ©

★ Imprescindible

Cattedrale di Santa Maria del Fiore ... 40
Galleria degli Uffizi ... 46
Basilica di Santa Maria Novella ... 66
Galleria dell'Accademia ... 80
Basilica di Santa Croce ... 99
Museo del Bargello ... 101
Palazzo Pitti ... 112
Piazza dei Miracoli de Pisa ... 139
Complejo catedralicio de Siena ... 155
Piazza del Campo ... 159

Merece la pena

Recorrer las murallas de Lucca ... 148
Los encantos de Chianti ... 166
San Gimignano ... 170

El viaje empieza aquí

Los cautivadores relatos y personajes ligados a Florencia hacen que año tras año vuelva a visitarla: el calígrafo florentino que engalana con su voluptuosa escritura cartas y escaparates, el vanguardista chef chino que rellena *baos* de trufa toscana y elabora *dumplings* como si fuera joyería fina, o el vivaz destilador que echa hojas de olivo y alcachofas en sus alambiques. Sí, Florencia es el "corazón del Renacimiento", el antídoto urbano frente a la romántica campiña toscana. Ahora bien, si lo que el viajero busca es creatividad pura y llana, tan radical como arraigada en las tradiciones, esta ciudad lo conquistará de principio a fin. ¡Bienvenidos a un viaje único!
Por Nicola Williams

Nicola Williams
@tripalong
Experta en la Toscana de Lonely Planet desde hace más de una década, Nicola es una periodista afincada en Francia que se especializa en Italia, Suiza y Francia.

Angelo Zinna
@angelo_zinna
Angelo es un escritor y fotógrafo que reside en Florencia.

Osteria, Florencia.

Osteria

LO MEJOR

Experiencias culinarias

Desde callos en puestos callejeros a galardonada cocina de autor en *palazzi* (palacios), la oferta gastronómica de Florencia tiene algo para todos los gustos, bolsillos y estados de ánimo. Ingredientes de temporada y una ejecución sencilla son el sello de identidad de la cocina florentina.

Complementar con frescos renacentistas la cocina de **Salotto Portinari,** desde sofisticados desayunos a cenas con estrella Michelin. (p. 55)

Engullir casquería entre fantasmas dantescos en **Da Vinattieri** y junto a un mercado en **Tripperia Pollini.** (p. 57)

Alternar con un café matinal o merendando las creaciones del mejor repostero italiano en **Galleria Iginio Massari.** (p. 54)

Aprender a hacer pasta y almorzar en los puestos del ajetreado **Mercato Centrale** de San Lorenzo. (p. 87)

Paladear un *gelato* o un *affogato* en la *gelateria* de los años 30 **Vivoli. Sbrino** es la heladería de moda en la otra margen del río. (pp. 103 y 109)

Hincarle el diente a la *bistecca alla fiorentina* (chuletón) que preparan en el restaurante de una carnicería de **Panzano in Chianti.** (p. 166)

Dcha.: 'ribollita' (clásica sopa florentina).

LO MEJOR

Bares, enotecas y cafés

Puede que el *aperitivo* vespertino sea el epicentro de la cultura urbana florentina, pero la oferta va mucho más allá: cafés históricos, *enoteche* (vinotecas), azoteas con vistas y bares de moda con DJ.

Catar caldos toscanos y rellenar la botella de agua con vino de Chianti en las **'enoteche'** tradicionales de San Lorenzo. (p. 82)

Saberlo todo acerca del legendario cóctel nacido aquí en 1919 durante una **ruta del 'negroni'** (p. 56) por locales clásicos y otros de moda.

Sucumbir a la ciudad al ocaso brindando en los bares temporales Vip y Flò en la veraniega **Piazzale Michelangelo.** (p. 116)

Aprender de los mejores mezclólogos del país en una clase magistral y conocer las mejores coctelerías durante la **Cocktail Week.** (p. 104)

Ver cómo funciona un tostadero en el familiar **Din Caffè,** en San Niccolò, al otro lado del río. (p. 116)

Admirar la iglesia de San Frediano y las colinas que abrazan Oltrarno desde la azotea acristalada del **SE·STO on Arno.** (p. 72)

Dcha.: un 'negroni'.

DESDE LA IZDA.: YINGKO/SHUTTERSTOCK ©, ELENA.KATKOVA/SHUTTERSTOCK ©, REDA&CO/GETTY IMAGES ©

CAMILLO NEGRONI
"METTIMICI UN PO DI GINNE
IN QUELL'AMERIHANO"

LO MEJOR

Ir de compras

En la Florencia medieval, a orfebres y zapateros se les reverenciaba tanto como a escultores y artistas, y así sigue siendo. Tanto en mercados como en *boutiques* de moda, el diseño y la artesanía estimulan el comercio florentino.

Codearse con lugareños en el mejor mercado de alimentación: el **Mercato di Sant'Ambrogio** (p. 95). Los martes está el **Mercato delle Cascine.** (p. 70)

Descubrir el interior de una perfumería artesana y comprar esencias que evocan la campiña y la costa toscanas en **Lorenzo Villoresi.** (p. 181)

Unirse a los florentinos en la *passeggiata* por **Via de' Tornabuoni** (p. 54, en la foto), la calle más exclusiva.

Peinar el mercado mensual de antigüedades de **Piazza Santo Spirito** y admirar las vistas del Loggia Roof Bar. (p. 127)

Ahondar en el tradicional arte del *commesso fiorentino* (mosaico) en el **Opificio delle Pietre Dure** y encargar una pieza en **Scarpelli Mosaici.** (p. 86)

Catar y comprar las creaciones de los vinateros de **Antinori nel Chianti Classico.** (p. 166, en la foto)

Dcha.: Mercato di Sant'Ambrogio (p. 95).

BOTTEGHINA
DAL 1988
L'OLIO

Galleria degli Uffizi.

LO MEJOR

Arte renacentista

No hay período que defina mejor Florencia que el Renacimiento: una edad dorada que, desde el s. XV, colmó la ciudad de *palazzi*, basílicas revestidas de mármol, iglesias con frescos y arte.

Perderse en la mejor colección de arte renacentista del mundo en la **Galleria degli Uffizi.** (p. 46, en la foto)

Subir a la cúpula de Brunelleschi que corona el **Duomo** y repasar su historia en el museo de la catedral. (p. 40)

Admirar desde todos los ángulos posibles el icono renacentista de Miguel Ángel en la **Galleria dell'Accademia** de San Marco. (p. 80)

Trazar la cronológica de los Medici en las **Cappelle Medicee,** sublimes capillas sepulcrales, llenas de esculturas de Miguel Ángel. (p. 83)

Ver a figuras como Brunelleschi o Botticelli pintados por pioneros renacentistas en los frescos de la **Cappella Brancacci** de San Frediano. (p. 126)

Husmear en las estancias de la nobleza florentina en el **Palazzo Davanzati.** (p. 52)

LO MEJOR

Experiencias medievales

El laberíntico *centro storico* se remonta a cuando Florencia era una acaudalada república medieval. Farmacias centenarias que venden remedios de hierbas, artesanos capaces de reproducir manuscritos iluminados, arte y arquitectura de aúpa: es fácil distinguir lo medieval en la Florencia moderna.

Recorrer el **Palazzo Vecchio,** sede del gobierno municipal y de varios gremios de artesanos medievales desde el s. XIV. (p. 52, en la foto)

Pasear por el **Ponte Vecchio,** acaparado por carniceros y pescaderos en el Medievo y hoy conocido por su joyería de oro. (p. 126)

Empaparse de la serenidad de San Marco en el **orfanato más antiguo de Europa** y en el **monasterio** donde vivió Fra' Angelico. (p. 85)

Seguir los pasos de **Dante** desde la calle donde vivía a la **Basilica di Santa Croce,** donde yace. (p. 54)

Visitar las muchas torres de la ciudad y el escenario del Palio, la carrera de caballos más emocionante de Italia, en la medieval **Siena** (p. 151).

Tomar el tren a **Pisa** y descubrir sus maravillas: arte, barcos, murallas, el mayor baptisterio del mundo, y una torre inclinada. (p. 135)

LO MEJOR

Arte contemporáneo

Conectar con la mentalidad moderna de Florencia a través de su panorama de arte contemporáneo: provocador, reflexivo e irresistible, pero sin olvidar el extraordinario legado artístico de sus viejos maestros.

Ver a artistas urbanos reivindicando la calle en la **Street Levels Gallery** de Via Palazzuolo. (p. 69)

Aunar las apasionantes exposiciones temporales del **Palazzo Strozzi** y el arte de los ss. XX y XXI del **Palazzo Bartolini Salimbeni.** (p. 52)

Comprender el arte moderno italiano manchándose las manos en un taller del **Museo Novecento.** (p. 68)

Deleitarse con el arte contemporáneo del **Palazzo Blu** de Pisa y el arte callejero del Festival della Strada (oct-ene). (p. 137)

Disfrutar de las instalaciones de arte en un cine de época, una torre medieval y una antigua cava abovedada en la **Galleria Continua** de San Gimignano. (p. 171)

Encontrar desde instalaciones sonoras a arte negro en **Le Murate,** una galería y residencia de artistas en una antigua cárcel reconvertida. (p. 95)

LO MEJOR

Actividades

Urbana y rebosante de arte, Florencia no es un destino para adictos a la adrenalina: amasar pasta o trotar junto al Arno o en subida hasta San Miniato al Monte son quizá las actividades más 'extremas' que cabe esperar.

Subir a la **cúpula** y el **campanario** del Duomo, a la **Torre d'Arnolfo** del Palazzo Vecchio, a la **Torre del Mangia** de Siena y al Panorama del Facciatone. (p. 40)

Admirar los reclamos arquitectónicos de Florencia en un paseo en balsa, kayak o tabla de surf de remo con **Firenze Rafting.** (p. 117)

Seguir el **Sentiero delle Cave** de Fiesole (p. 91) hacia el lugar donde Da Vinci probó sus artilugios voladores en el s. XVI.

Unirse a los lugareños en el **Parco delle Cascine** (p. 23), con parques infantiles y columpios, caminos para correr, piscina exterior (verano) y pista de hielo (invierno).

Coger un tren hacia **Lucca** (p. 148) y explorar en bici su casco histórico pedaleando junto a su incólume muralla renacentista.

Avistar cernícalos y ratoneros en el **Parco Naturale di Migliarino San Rossore Massaciuccoli** de Pisa (p. 144), antiguo coto de los Medici.

Siena (p. 151).

LO MEJOR

Jardines

Florencia está hecha para caminar. Pese a todo, su tejido urbano no ha cambiado desde el Renacimiento, de ahí la escasez de zonas verdes. Los jardines ocultos de los históricos *palazzi* estimulan los inexcusables paseos vespertinos.

Caminar por paseos entre castaños, ornamentadas fuentes y junto a estatuas en el **Giardino di Boboli,** el jardín más querido. (p. 115, en la foto)

Descubrir grutas y mimarse con un refinado almuerzo al fresco en **La Leggenda dei Frati,** en la romántica **Villa e Giardino Bardini.** (p. 117)

Saborear cócteles en el **Giardino Torrigiani,** un jardín amurallado con árboles, herbarios, invernaderos de época y una coctelería de verano. (p. 127)

Quedar prendado de las más de 400 variedades de rosa del **Giardino delle Rose,** creado en 1865 en la colina de Boboli. (p. 109, en la foto)

Codearse con los florentinos a la última tomando café o cócteles con *jazz* de fondo en el jardín del **Santarosa Bistrot.** (p. 130)

Hallar la serenidad en los jardines de época tachonados de estatuas clásicas y limoneros del **Palazzo Pfanner** (s. XVII), en Lucca. (p. 149)

Lo mejor para niños

Subir escaleras secretas y curiosear entre murallas y pasajes ocultos en un circuito por las entrañas del **Palazzo Vecchio.** (p. 52)

Ver el arte renacentista de la **Galleria degli Uffizi** (p. 46) a través de la mirada de un adolescente en un circuito guiado por un estudiante.

Asombrar a los chavales de más edad (¡nada aprensivos!) con una colección de modelos de cera del cuerpo humano, esqueletos y animales disecados en el museo de historia natural del s. XVIII de **La Specola.** (p. 127)

Ver hacer helado y probar mil y un sabores en varias *gelaterie* locales con un circuito culinario de **Curious Appetite;** se termina en una **playa urbana.** (p. 56)

Sumergirse en el mundo de las maquetas de trenes en el museo **HZERO** de Santa Maria Novella. (p. 69)

Lo mejor gratis

Quedar fascinado ante la opulencia y obras de arte manieristas de la posrenacentista **Basilica della Santissima Annunziata.** (p. 85)

Ver cómo vivía en tiempos la refinada aristocracia florentina en una visita guiada gratuita a la **Casa Martelli.** (p. 86)

Quedar embelesado por las fuentes y esculturas de **Piazza della Signoria:** las incontables obras maestras bajo los arcos de la **Loggia dei Lanzi** son un museo en sí. (p. 33)

Disfrutar del ambiente festivo amenizado por músicos callejeros en la panorámica **Piazzale Michelangelo** (p. 116). Ver la puesta de sol desde el **Ponte Santa Trinità,** junto al río, es único.

Explorar iglesias que custodian extraordinarias obras maestras renacentistas: el **Duomo** (p. 40), la **Basilica di San Miniato al Monte,** la **Chiesa di Santa Felicità** y la **Chiesa d'Ognissanti.**

Tres días perfectos

Florencia y sus deslumbrantes alrededores merecen mucho más que una estancia corta. No obstante, si solo se dispone de dos o tres días, estos son algunos lugares imprescindibles.

Piazza della Signoria (p. 33).

PRIMER DÍA

Si solo se dispone de un día

MAÑANA

Recorrer el arte del Renacimiento en los **Uffizi** (p. 46). Despejarse con un paseo por **Piazza della Signoria** (p. 33). Disfrutar de un almuerzo clásico en **Osteria I Buongustai** (p. 57) o **Trattoria Le Mossacce** (p. 57).

TARDE

Cruzar el **Ponte Vecchio** (p. 126, en la foto). Buscar señales de Clet y comprar postales en el **estudio de Clet** (p. 118). Explorar la **Basilica di Santo Spirito** (p. 127) y la **Cappella Brancacci** (p. 126).

NOCHE

Maridar la puesta de sol en **Piazzale Michelangelo** (p. 116) con unos vinos en **Le Volpi e l'Uva** (p. 119). Cenar en **Il Santo Bevitore** (p. 129), y tomar luego unos cócteles en **MAD Souls & Spirits** (p. 131), en San Frediano.

SEGUNDO DÍA

Un fin de semana

MAÑANA

Desayunar en el **Bar Museo Opera del Duomo** (p. 58). Devorar arte sacro en el **Duomo** (p. 40): admirar el **baptisterio** y la **cúpula** de Brunelleschi (p. 40). Completar la experiencia visitando el **Museo dell'Opera del Duomo** (p. 44).

TARDE

Descubrir arte y moda en el **Palazzo Pitti** (p. 112) tras almorzar en **Gurdulù** (p. 130). Pasear por el **Giardino di Boboli** (p. 115) y el **Giardini Bardino** (p. 117), unidos por un sendero. Saber más sobre arte callejero y el *aperitivo* en **San Niccolò** (p. 107, en la foto).

NOCHE

Unirse a los lugareños en Santa Croce para tomar un cóctel -antes o después de cenar- en **Locale** (p. 97). Y, según la temporada, escuchar *jazz* en la **Sala Vanni** (p. 126).

TERCER DÍA

Una escapada

MAÑANA

Maravillarse ante el *David* en la **Galleria dell'Accademia** (p. 80, en la foto) y ante las riquezas de los Medici en el **Museo delle Cappelle Medicee** (p. 37), en San Lorenzo, y visitar su **basílica** (p. 82).

TARDE

Comer en el **Mercato Centrale** (p. 82) y admirar Santa Maria Novella. Ver el **Museo Marino Marini** (p. 68), las *boutiques* de moda y los encuadernadores de Via del Parione y Via della Spada. Luego, un café en **Giacosa 1815** (p. 72) o un vino en **Enoteca Bellini** (p. 72).

NOCHE

Como la gente moderna, dar un paseo por **Via de' Tornabuoni** (p. 35) antes de tomar algo en **Procacci** (p. 58). Gozar del arte del **Palazzo Strozzi** (p. 52) y cenar en **Salotto Portinari** (p. 55).

Prepararse

ANTES DE PARTIR

Tres meses antes Comprar entradas para el **Maggio Musicale Fiorentino** (p. 70), **Firenze Rocks** (p. 23) y otras citas.

Un mes antes Reservar franja horaria para visitar los **Uffizi** (p. 46), la **Galleria dell'Accademia** (p. 80) y la **cúpula del Duomo** (p. 40).

Una semana antes Reservar mesa en establecimientos codiciados (p. ej., **Atto di Vito Mollica,** p. 55), bares de azotea y *trattorie* de siempre.

Costumbres

A los amigos y familiares se les saluda con un beso en cada mejilla. De lo contrario, basta con estrechar la mano y decir *Ciao!* Pese al tesón con que los locales de Via dei Neri y otras concurridas calles del casco histórico despachan saciantes *panini* (bocadillos) y *schiacciata* (*focaccia* toscana), interesa elegir bien dónde se come. Mejor que bloquear la entrada a los cafés y demás establecimientos, conviene ir al río o a un parque.

Ropa

Cuidar la imagen es fundamental para los coquetos florentinos. Hay que arreglarse para ir a restaurantes, clubes y bares; es preferible pecar por exceso que por defecto. Vestir ropa elegante pero informal suele bastar en la mayoría de las situaciones. Nada de pantalones cortos, minifaldas y chanclas al visitar las iglesias; llévese un chal en el bolso para cubrirse.

Conviene saber

Idioma Se saluda con un *buongiorno* (buenos días) y, a partir de mediodía, con un *buonasera. Per favore* significa "por favor"; *prego,* "de nada" o "después de usted".

Café El capuchino, el *latte* y *el macchiato* se toman exclusivamente por la mañana, jamás después del almuerzo, cuando el *espresso* reina incontestable. Tomar un café de pie, junto a la barra (*banco,* en italiano), cuesta tres o cuatro veces menos que si se pide en la mesa.

Iglesias No colarse cuando se esté oficiando misa ni, por supuesto, hacer un pícnic o tomar algo en las escaleras de los lugares de culto. (No está mal visto beber en plazas y parques.)

Móviles Tanto en los Uffizi como en la Galleria dell'Accademia no está permitido el uso de palos de selfi ni hablar por teléfono. Durante la *passeggiata,* evítese fotografiar a extraños e importunar con el móvil a otros viandantes.

PROPINAS

Los florentinos no son partidarios de dejar propina; la mayoría de los visitantes sí la dejan si no se cobra el servicio.

0%
Cafés
En general no se espera.

10%
Restaurantes
Los visitantes dejan el 10% aprox.

↑
Taxis
Redondear al alza.

1 €
Hoteles
Los botones esperan 1 € por bulto.

PRESUPUESTO DIARIO

Económico Hasta 125 €

- Dormitorio colectivo: **desde 35 €**
- *Panino:* **5-6 €**
- Almuerzo en *trattoria:* **15-20 €**
- Billete de tranvía: **1,70 €**

Medio 125-250 €

- Habitación doble en un tres estrellas: **90-150 €**
- Cena con vino: **50-80 €**
- *Aperitivo* en vinoteca: **15-25 €**
- Entrada de museo: **3-25 €**

Alto Más de 250 €

- Habitación doble en hotel-*boutique:* desde **250 €**
- Circuito guiado en bici eléctrica: **80-100 €**
- Cata de vinos en las bodegas Antinori: **35-135 €**
- Restaurante con estrella Michelin: **160-200 €**
- Cóctel en bar de azotea: **20-28 €**

Moneda
Euro (€)

Idioma
Italiano

Hora
Horario de Europa central (GMT/UTC +1 h)

WWW.FIRENZECARD.IT/ES/FIRENZECARD ©

CONSEJO

La **FirenzeCard** (85 €; firenzecard.it), válida durante 72 h, incluye la entrada a los principales museos locales. Quienes decidan prolongar la estancia disfrutarán de otras 48 h gratis.

Cuándo ir

Con días largos y cálidos y una inagotable oferta de reclamos turísticos dignos de verse, el verano es tradicionalmente la época preferida para visitar Florencia.

Aun así, cada estación tiene su encanto. En verano, Florencia seduce con sus festivales, citas culturales, visitas nocturnas a museos y gastronomía al fresco. Pero hace calor y la ciudad se abarrota, con colas larguísimas y muchos restaurantes cerrados en agosto. En temporada baja (nov-mar), más apacible, las entradas de los museos son más económicas, o incluso gratis el primer domingo de mes. Octubre y noviembre son una delicia, pues en restaurantes priman los productos silvestres de los bosques.

Grandes eventos

Marzo o abril En Florencia, las celebraciones de Semana Santa alcanzan su culmen el Domingo de Pascua, con el tradicional **Scoppio del Carro** (p. 53): un carro tirado por bueyes recorre las calles hasta la catedral, donde un cohete en forma de paloma inicia un espectáculo pirotécnico.

Abril o junio El **Maggio Musicale Fiorentino** (p. 70), el festival artístico más antiguo de Italia, ofrece, desde 1933, una soberbia programación de teatro, música clásica, *jazz* y danza.

24 de junio La ciudad celebra la **Festa di San Giovanni,** en honor a su patrón, con un partido de fútbol (p. 104) único, el *calcio storico* disputado en Santa Croce.

Julio y agosto El **Palio** (p. 161), la legendaria carrera medieval de caballos de Siena, es una tradición que va más allá de lo que podría parecer a simple vista.

Clima

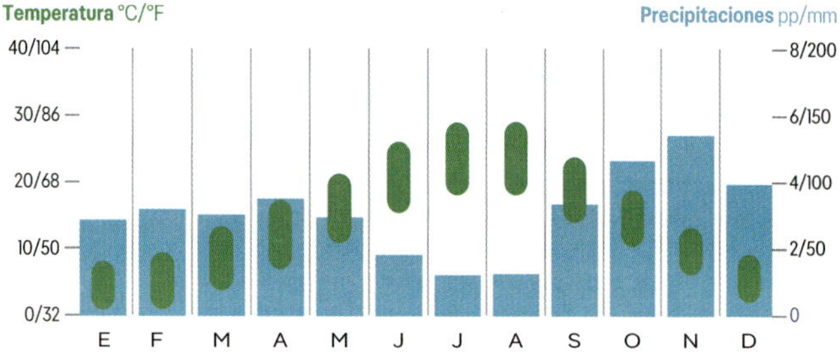

Scoppio del Carro.

Locuras maravillosas

Febrero Las delicias epicúreas florentinas, toscanas e italianas acaparan la atención en el festival gastronómico **Taste Florence.**

Enero y junio Puede que los desfiles de moda más impresionantes de Europa se mudaran del Palazzo Pitti a Milán en 1971, pero la feria masculina se quedó en la capital toscana. El **Pitti Uomo** (p. 69) es la excusa perfecta para ver los diseños más rompedores en un sinfín de eventos sobre la pasarela y fuera de ella.

Junio El **Firenze Rocks** conquista con cuatro frenéticos días de conciertos de *rock,* comida callejera y juerga hasta las tantas en el Visarno Arena del Parco delle Cascine.

7 de septiembre El viajero retrocederá a la Florencia medieval durante la **Festa delle Rificolona (Festival de los Farolillos de Papel),** con desfiles en los que los niños portan farolillos –en compañía de músicos y *sbandieratori* (lanzadores de banderas)– desde Piazza di Santa Croce a Piazza della Santissima Annunziata.

CONSEJOS SOBRE ALOJAMIENTO

Las tarifas son más caras en Semana Santa y de junio a principios de septiembre. Durante la Semana de la Moda, los hoteles se reservan al completo durante cuatro días en enero y junio. Las mejores gangas se consiguen en enero (salvo la Semana de la Moda), febrero y de noviembre a mediados de diciembre.

Cómo llegar

El grueso de los viajeros llega a la región a través de los aeropuertos de Florencia y Pisa, o bien en tren, a la estación central de Santa Maria Novella.

Del aeropuerto al centro

Aeropuerto de Florencia

El Aeroporto Amerigo Vespucci queda 4 km al noroeste.

Tranvía La línea T2 va del aeropuerto a Piazza della Stazione cada pocos minutos de 5.00 a 24.00, y hasta las 2.00 los viernes y sábados. Son 20 min (1,70 €). Los billetes se sacan en máquinas en las paradas o en la *app* de Bus-Autolinee Toscane; se cobra un billete adicional por llevar una segunda maleta o una mochila grande.

Taxi La tarifa fija por la carrera de 15 min al centro es de 28/32 € día/noche y 20 € los festivos, más 1,20 € por bulto. Las colas a veces son largas.

Transporte compartido El trayecto con Uber Black ronda los 50 € y se reserva a través de su *app*.

Aeropuerto de Pisa

El Aeroporto di Pisa Galileo Galilei está 5 km al sur del centro de Pisa y a 85 km de Florencia. Las compañías de bajo coste tienen vuelos a/desde toda Europa.

Tren Los trenes sin conductor de Pisa Mover circulan sin parar entre el aeropuerto y la estación de trenes Pisa Centrale (6,50 €, 15 min), desde donde Trenitalia opera trenes a la Stazione di Santa Maria Novella de Florencia (9,30 €, 50 min-1¼ h).

Autobús Caronna Tour viaja cada hora a la Stazione di Santa Maria Novella (1 h); billetes a bordo (12,90/19,90 € día/noche).

Automóvil Las principales compañías tienen mostrador en el aeropuerto. Hay 1¼ h a Florencia por la autopista Fi-Pi-Li.

Otros puntos de entrada

Stazione di Santa Maria Novella

Casi todos los barrios quedan a corta distancia a pie de la estación principal de trenes de Florencia, situada en Santa Maria Novella, en el límite noroeste del centro histórico.

Estación de autobuses de Villa Constanza

Los servicios de Flixbus que salen de Siena (8 €, 50 min) y otras localidades tienen como destino esta estación ubicada en Scandicci, conectada por la línea 1 de tranvía (1,70 €, 25 min).

Cómo desplazarse

Desde patios renacentistas y evocadoras callejuelas a rutilantes tranvías y bicis eléctricas, moverse por la capital toscana es una delicia. A pie es como mejor se abarca la pequeña Florencia. Eso sí, para ir al aeropuerto o a un pueblo cimero, o para hacer una ruta de senderismo en la campiña, cabe recurrir a su eficiente red de autobuses y tranvías.

A pie

La mejor forma de explorar Florencia es a pie: casi todos los principales reclamos quedan a un corto paseo. Llévese calzado cómodo.

Aunque los peatones tienen prioridad, hay que estar alerta a los silenciosos patinetes –muy dados a ir por la acera– y a los taxis eléctricos que pudieran adentrarse en el centro histórico.

Bicicleta (convencional y eléctrica) y patinete eléctrico

Para ir a lugares próximos al *centro storico,* nada supera a la bici. Pídase el mapa *Firenze in bici* (con 90 km de carriles exclusivos y compartidos) en la oficina de turismo junto a la estación de Santa Maria Novella. Estaba previsto ampliarlos en otros 20 km.

RideMovi (ridemovi.com) Descárguese la app para localizar y alquilar bicicletas; suele haber frente a la Stazione di Santa Maria Novella y en Piazza della Repubblica.

Tuscany Cycle (tuscanycycle.com) Esta tienda en el nº 133 de Via Ghibellina alquila bicis (desde 4/10/15 € por h/3 h/día) y organiza circuitos guiados.

Helbiz (helbiz.com) Patinetes, bicis y escúteres; su *app* permite ubicar

UNA 'APP' ESENCIAL

Descárguese la *app* de **TABNET** para comprar billetes y planificar viajes.

un vehículo y pagar. **Bit** (bitmobility.it) también ofrece patinetes.

No está permitido llevar bicis en los autobuses florentinos; sí se puede en los tranvías, los domingos y fuera de hora punta (5.00-7.00, 10.00-17.00, 20.00-12.30) el resto de los días.

Autobús y tranvía

Se recomienda usar la eficiente red de autobuses para ir a Fiesole (nº 7, desde Santa Maria Novella) o subir sin esfuerzo a Piazzale Michelangelo y la Basilica di San Miniato al Monte (nº 13).

La línea T2 de tranvía une Piazza della Unità, frente a la Stazione di Santa Maria Novella, con el aeropuerto de Florencia. La T1 cruza la ciudad de norte a sur; no resulta muy útil, más allá de para ir a la parada de Villa Constanza, junto a la estación de autobuses de Flixbus.

Los horarios pueden consultarse en gestramvia.it. Está previsto construir otras dos líneas de tranvía para el 2026.

Los autobuses de Autolinee Toscane a Siena y San Gimignano salen de la estación principal de Florencia, detrás de Santa Maria Novella, en el nº 17r de Via Santa Caterina da Siena.

La web y la *app* de Autolinee Toscane (at-bus.it) informan sobre los horarios y el estado del tráfico. Flixbus fleta 10 autobuses diarios a Siena.

Barco

De mayo a septiembre, **Arno Boat** (arnoboat.com) ofrece circuitos en barco por el Arno, con salidas desde las gradas de Lungarno Generale Diaz, frente a Piazza Mentana, j unto al club de remo de Florencia. Se pueden consultar los horarios y comprar billetes en línea.

Automóvil y motocicleta

Los no residentes tienen prohibido circular por el centro histórico de Florencia; aparcar es un quebradero de cabeza.

Taxi y trayecto compartido

Los taxis no se pueden parar por la calle. En Florencia suele haber vehículos en la parada junto a la Stazione di Santa Maria Novella; también se puede llamar al 055 42 42 (4242.it) o al 055 43 90 (4390.it), o usar la *app* de **IT Taxi.**

Hay conductores particulares que sortean la prohibición de Italia a Uber brindando el exclusivo servicio Uber Black. Apenas hay vehículos y las tarifas duplican las de un taxi.

Tren

De Stazione di Santa Maria Novella salen frecuentes servicios a Pisa y otros menos frecuentes a Lucca. Se pueden consultar los horarios y comprar billetes en trenitalia.com (no hay que olvidar hacer el *check in* haciendo clic en el enlace que se recibirá por correo electrónico tras realizar la compra para acceder al propio billete: un código QR) o por la *app* de **Trenitalia.**

PRECIOS

Billete de transporte público
1,70 €

Bicicleta compartida
0,50 €/30 min

Billete de Florencia a Pisa (ida y vuelta)
18,60 €

IMPAGO DEL BILLETE

La multa por viajar sin billete válido en Florencia es de 50 €.

PRECIOS Y BILLETES

Los billetes de autobús y tranvía (1,70 €, válidos durante 1½ h) se venden en *tabacchi* (estancos), las máquinas de los andenes del tranvía y las ventanillas de **Autolinee Toscane** (at-bus.it) en la estación de autobuses de Florencia, cerca de la estación de trenes del nº 17r de Via Santa Caterina da Siena. Se puede pagar de forma electrónica a través de las *apps* **At Bus** de Autolinee Toscane, con claras instrucciones en italiano e inglés, o **TABNET,** solo en italiano.

- Los billetes cuestan 3 € a bordo, generalmente son más caros que en los *tabacchi.*
- Para ahorrar, se puede comprar un bono de 10 viajes (15,50 €).

VALIDACIÓN DEL BILLETE

Los billetes de papel, incluidos los que se compran al conductor, han de validarse al subir a bordo. Si la máquina no funcionara, estos pueden validarse escribiendo sobre él la fecha y la hora de viaje. Los billetes digitales deben activarse nada más subir al autobús o tranvía. Para pagar con MasterCard, American Express o Visa, hay que acercar la tarjeta al validador tanto al subir como al bajar.

Otra cara de Florencia

En esta soberbia ciudad renacentista, muchas atracciones y experiencias gravitan en torno al arte y los placeres de la buena vida.

Tram-e-d'Arte

Florencia se ve muy bien con esta iniciativa en tranvía (tramedartefirenze.it) que recorre sorprendentes reclamos urbanos.

'Buchette del vino'

Los ventanucos que se observan en algunos *palazzi* del s. XVII son precisamente eso: ventanas utilizadas por los nobles para vender sus caldos sin tener contacto con la plebe. Se conservan unas 170, entre ellas las del **Palazzo Antinori** (Via del Trebbio 1r) y el **Palazzo Medici Ricardi** (Via Ginori 14). Han vuelto a usarse las de **Bistro Babae** (Via Santo Spirito 21r) y **Cantina de' Pucci** (Via de' Pucci 4).

Fotomatones

Tras una noche de juerga no hay como hacerse una divertida sesión en blanco y negro en un fotomatón de los años cincuenta. Estas cabinas (fotoautomatica.com) se deben al escenógrafo y antropólogo florentino Matteo Sani, quien, inspirado por sus viajes por Europa durante la Guerra Fría, decidió coleccionar, arreglar y revivir estas estructuras *retro* situadas, p. ej., frente a la **Badia Fiorentina** y en **Piazza della Stazione.**

Back at the Hotel

Los hoteles *palazzi* poseen un sinnúmero de obras de arte, accesibles para sus huéspedes, incluidos los frescos del s. XVI y las reliquias cinematográficas del **Stella d'Italia,** en el Palazzo del Circolo dell'Unione; el arte decorativo renacentista de las fastuosas suites del hotel-museo **Palazzo Portinari Salvati;** o el bello **Palazzo Bianca Cappello,** regalo de Fernando I de Medici a su amante.

FUERA DE RUTA

- Ver instalaciones de arte en un fuerte y rompedoras creaciones digitales en el refugio de la II Guerra Mundial **Rifugio Digitale** (p. 118).
- Asombrarse ante la macabra colección de figuras anatómicas de cera del s. XVIII en **La Specola** (p. 127).
- Visitar la **sala secreta de Miguel Ángel** (p. 83), repleta de dibujos hechos por el artista cuando se ocultó en ella en 1530.
- Descubrir las insólitas creaciones de Julian Bondi y compañía en la vanguardista destilería **Fermenthinks** (p. 104).

Ventana de vino.

Fotomatón.

Explora Florencia

Del Duomo a Piazza della Signoria ... 33
Santa Maria Novella ... 61
San Lorenzo y San Marco ... 75
Santa Croce y Sant'Ambrogio ... 93
Boboli, San Niccolò y San Miniato al Monte ... 107
Oltrarno ... 121

Circuitos a pie

Del Duomo a la Signoria ... 34
Florencia renacentista ... 36
El arte de Santa Maria Novella ... 62
San Lorenzo y San Marco ... 76
Un día en Fiesole ... 90
Santa Croce y Sant'Ambrogio ... 94
De noche por Santa Croce ... 96
Explorar Boboli, San Niccolò y San Miniato al Monte ... 108
Paseo por Oltrarno ... 122

Ambiente nocturno en Florencia.
GARY YEOWELL/GETTY IMAGES ©

Sugerencias de lugares para comer, beber y comprar en **p. 57**

Explora
Del Duomo a Piazza della Signoria

Epicentro del Renacimiento y corazón turístico de la Florencia moderna, el entramado de callejuelas ubicado entre el Duomo y Piazza della Signoria no defrauda. Remontándose a los tiempos de Dante, los romanos y civilizaciones anteriores, aquí se aglutinan los reclamos de la ciudad, con mucha cultura de café y una fantástica oferta comercial que culmina en Via de'Tornabuoni, la calle de moda por excelencia. Es una zona donde demorarse descubriendo el trasfondo y las joyas artísticas de cada iglesia, *palazzo* y *piazza*, sin olvidar sus callejas menos transitadas, tachonadas de *case-torri* (casas-torre) medievales y *botteghe* (talleres) de artistas.

Cómo desplazarse

A pie

Se tarda 10 min en ir de la estación de trenes de Santa Maria Novella al Duomo, y cinco más desde la estación de autobuses de Via Santa Caterina da Siena. Desde Piazza del Duomo se recomienda pasar por la comercial Via dei Calzaiuoli de camino a Piazza della Signoria.

Bicicleta y patinete

Las bicis plateadas y naranjas de RideMovi y los patinetes eléctricos azules de Bit se encuentran en el flanco oeste de la estación de bicicletas compartidas de Piazza della Repubblica. Para cruzar el río, hay que usar el carril-bici del Ponte Santa Trinità.

Piazza della Signoria.

GIACOMO MORINI/ISTOCK ©

LO MEJOR

Admirar la maestría arquitectónica del **DUOMO** (p. 40).

Aprender sobre el arte renacentista en **GALLERIA DEGLI UFFIZI** (p. 46).

Dar un tranquilo paseo por **VIA DE' TORNABUONI** (p. 54).

Almorzar en un *palazzo* en **SALOTTO PORTINARI BAR & BISTROT** (p. 55).

Subir a la torre del **PALAZZO VECCHIO** (p. 52).

CIRCUITO A PIE

Del Duomo a la Signoria

Ajetreadas plazas salpicadas de vistosos cafés con terraza y bonitas callejas llenas de *boutiques* de diseño y *palazzi* constituyen el fundamento del corazón histórico de Florencia. Y, aunque los turistas superan por mucho a los lugareños en esta maraña de callejuelas, el legado de la capital toscana reina incontestable.

INICIO	FINAL	DURACIÓN
Caffè Gilli	Procacci	1,5 km; 2 h

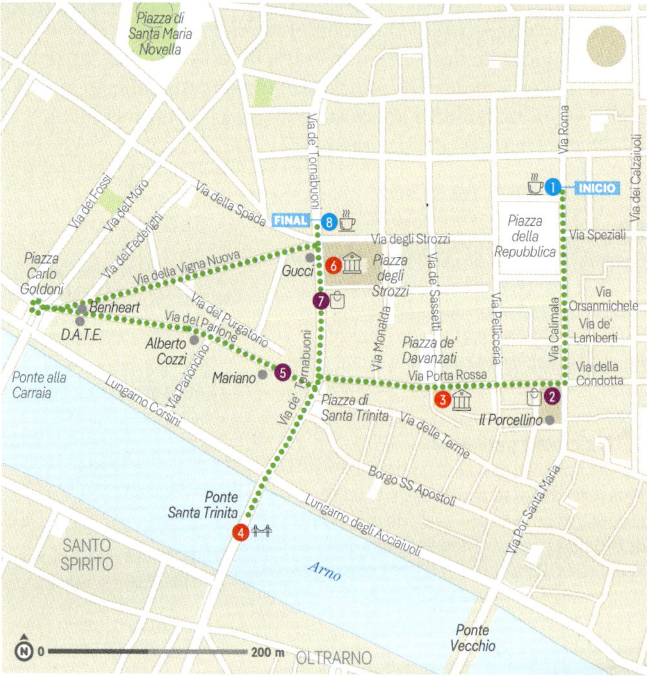

1 Café con un 'cornetto'

Se arranca con un capuchino (4,50/6 € barra/mesa) con repostería en el modernista **Caffè Gilli** (p. 56), situado en el antiguo foro romano, hoy **Piazza della Repubblica,** construida en el s. XIX sobre el emplazamiento del antiguo gueto judío y el mercado de abastos. Su encantador carrusel de época es muy querido en la ciudad.

2 Visita al mercado

Yendo al sur por Via Calimala se llega al **Mercato Nuovo,** del s. XVI, un mercado cubierto lleno de puestos de baratijas y artículos de piel. Para asegurarse de volver a Florencia hay que tocarle el hocico a **Il Porcellino** (el cerdito), una estatua de bronce que, en verdad, representa a un jabalí.

3 Vida en un palacio medieval

El **Palazzo Davanzati** (p. 52) es un palacio-museo poco conocido que invita a descubrir el ornamentado interior de una altísima *loggia* central y a saber más sobre el estilo de vida de la nobleza florentina en el s. XVI.

4 Clásica estampa ribereña

Para tomar la clásica fotografía del Ponte Vecchio al ocaso, basta con ir río arriba hasta el **Ponte Santa Trinità,** engalanado con estatuas alegóricas de las cuatro estaciones.

5 De tiendas

Se pone rumbo oeste por Via del Parione, y tras saborear un *espresso* en la barra del **Mariano,** se ve cómo trabajan los encuadernadores de tercera generación de **Alberto Cozzi** y se compra un fabuloso par de zapatos en Benheart o en **D.A.T.E.**

6 Encuentro artístico

Se serpentea hacia el este entre las *boutiques* de **Via della Vigna Nuova,** pasando junto a la célebre marca de moda local Gucci en dirección al Palazzo Strozzi (p. 52), residencia de la dinastía homónima (rivales de los Medici), cuyo animado patio central suele tener alguna instalación de arte.

7 Ambiente selecto

Toca codearse con entusiastas de la moda en la peatonal **Via de' Tornabuoni,** la calle comercial más exclusiva de la ciudad, apodada "Il Salotto di Firenze" (el salón de Florencia), donde palacios renacentistas y casas de moda italiana flanquean de principio a fin su inmaculado trazado.

8 Un 'aperitivo' de lo más chic

Se termina con un montadito de pasta de trufa y una copa de *prosecco* en el evocador **Procacci** (p. 58), otrora ocupado por una farmacia inglesa.

CIRCUITO A PIE

Florencia renacentista

Esta ruta por lo mejor de Florencia condensa una buena dosis de cultura en un margen muy ajustado, ofreciendo una visión global de las principales maravillas renacentistas que atesora la ciudad. Las entradas al Duomo han de reservarse con antelación.

INICIO	FINAL	DURACIÓN
Museo delle Capelle Medicee	Salotto Portinari	3,5 km; 3 h

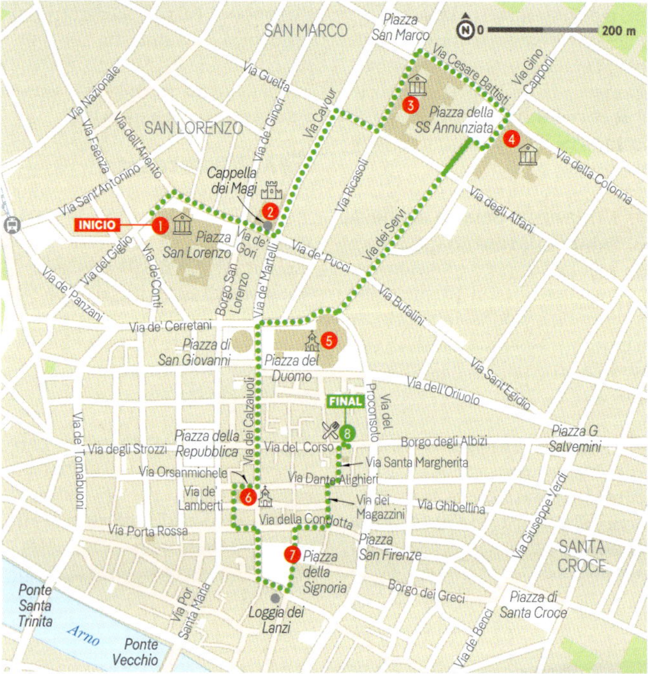

1 Mausoleo de los Medici
Se empieza en los dominios de la familia de mecenas más influyente del Renacimiento, los Medici, quienes encargaron en San Lorenzo incontables monumentos para su propio engrandecimiento personal. Destaca entre ellos el **Museo delle Cappelle Medicee,** su última morada, diseñado en parte por Miguel Ángel y donde se hallan algunas de las mejores esculturas del artista.

2 Palazzo Medici
Se admira la fachada del **Palazzo Medici Riccardi,** auspiciado por Cosme el Viejo y diseñado por Michelozzo. Dentro están los vívidos frescos pintados por Benozzo Gozzoli en la deliciosa **Cappella dei Magi.**

3 Conocer al 'David'
En la concurrida **Galleria dell'Accademia** (p. 80) es obligado aplaudir la obra de arte renacentista por excelencia: el *David* de Miguel Ángel, asombrosa manifestación artística y poderosa evocación de los principios humanistas sobre los que se asienta esta época.

4 Máxima expresión arquitectónica
Enfilar hacia el **Museo degli Innocenti** (p. 86), en el que fuera primer orfanato de Europa, premiado con una *loggia* de Brunelleschi y una de las obras cumbre de la arquitectura renacentista. Los medallones de la fachada, de Andrea della Robbia, son una maravilla.

5 Vistas de aúpa
Se va luego a la **catedral** (p. 40) y, siempre y cuando se haya reservado la entrada y una hora de acceso con antelación, se sube a su cúpula de ladrillos rojizos, otra obra maestra de Brunelleschi, con impresionantes vistas de la ciudad. El campanario es una buena alternativa.

6 Cereales y gremios
Sufragada por los gremios locales en el s. XV, la **Chiesa e Museo di Orsanmichele** no admite réplica. Los más grandes artistas renacentistas se encargaron de esculpir las estatuas en representación de los patrones de los gremios que, en tiempos, se encontraban en nichos y ahora se exhiben en un sensacional museo situado sobre la iglesia. Unas empinadas escaleras llevan al antiguo granero, con otra panorámica fantástica.

7 Foco de la vida local
Más al sur se sitúa la espectacular **Piazza della Signoria,** epicentro de la vida local desde el s. XIII. Es obligado admirar (gratis) el *Rapto de las sabinas,* de Giambologna, y otras esculturas renacentistas dispuestas al aire libre en la Loggia dei Lanzi, del s. XIV.

8 Comer en un 'palazzo'
El paseo termina comiendo y tomando algo en el impecable patio del bistró-cafetería del restaurado **Palazzo Portinari Salviati** (s. XVI), sede del principal banco toscano durante 150 años.

Cattedrale di Santa Maria del Fiore (Duomo)
Cúpula de Brunelleschi
Campanile
Piazza del Duomo
Museo dell'Opera del Duomo
Battistero di San Giovanni
Piazza di San Giovanni
Piazza delle Pallottole
Piazza di Santa Maria Maggiore
Piazza degli Antinori
Chiesa dei Santi Michele e Gaetano
Piazza della Repubblica
Piazza Santa Elisabetta
Chiesa di Santa Margherita
Museo Casa di Dante
Piazza dei Cimatori
Piazza de' Cerchi
Piazza degli Strozzi
Palazzo Strozzi
Via de' Tornabuoni
Piazza de' Davanzati
Via del Giglio
Via de' Panzani
Via de' Banchi
Via del Moro
Via de' Rondinelli
Via de' Conti
Via F. Zanetti
Via de' Cerretani
Piazza dell'Olio
Borgo San Lorenzo
Via de' Martelli
Via Ricasoli
Via dei Servi
Via dell' Oriuolo
Via del Trabbio
Via degli Agli
Via degli Antinori
Via de' Vecchietti
Via dei Pecori
Via de' Giacomini
Via de' Corsi
Via del Campidoglio
Via de' Tosinghi
Via delle Belle Donne
Via dei Pescioni
Via de' Brunelleschi
Via Roma
Via dei Calzaiuoli
Via del Campanile
Via della Canonica
Via dell'Oche
Via dello Studio
Via de' Medici
Via Santa Elisabetta
Via della Spada
Via de' Tornabuoni
Via degli Strozzi
Via Speziali
Via del Corso
Via del Proconsolo
Via del Presto
Via Santa Margherita
Via della Vigna Nuova
Via de' Sassetti
Via Anselmi
Via Dante Alighieri
Via dei Cerchi
Via Orsanmichele
Via dei Tavolini
Via Monalda
Via Pellicceria
Via Calimala
Via dell'Arte della Lana
Via de' Lamberti
Via dei Cimatori
Via dei Magazzini
A
B
C
D
E
F
1
2
3
4

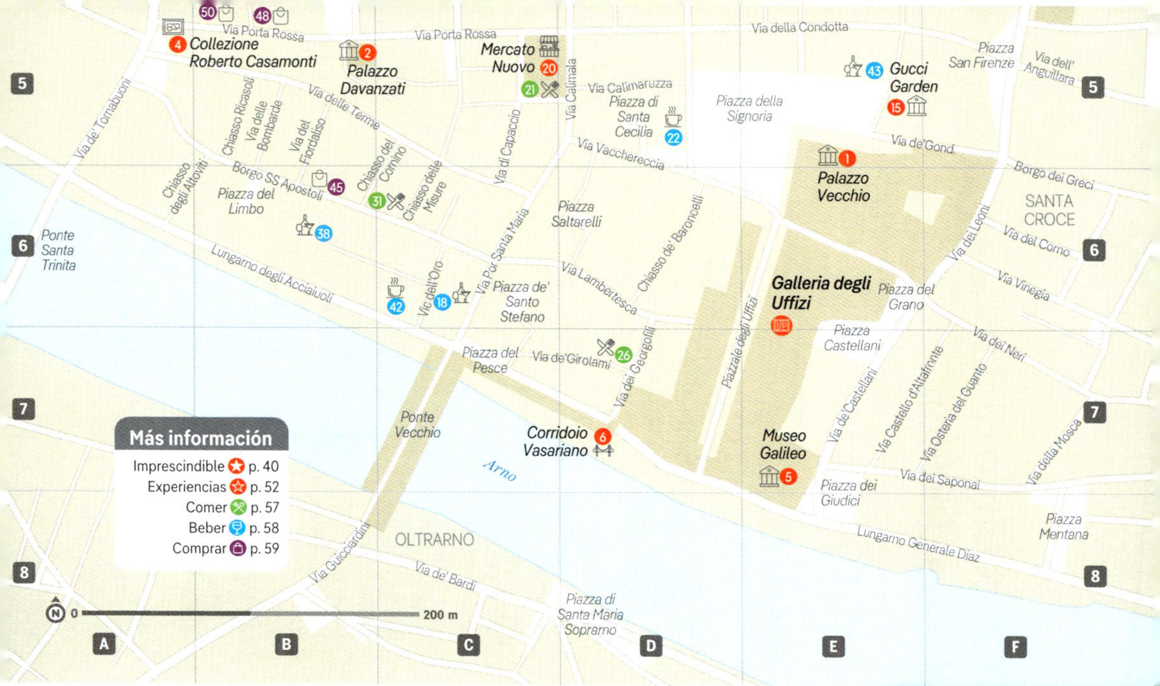
Más información
Imprescindible p. 40
Experiencias p. 52
Comer p. 57
Beber p. 58
Comprar p. 59
4 Collezione Roberto Casamonti
2 Palazzo Davanzati
20 Mercato Nuovo
21
43 Gucci Garden
15
1 Palazzo Vecchio
Galleria degli Uffizi
5 Museo Galileo
6 Corridoio Vasariano
22
45
31
38
42
18
26
48
50
Via Porta Rossa
Via della Condotta
Piazza San Firenze
Via dell' Anguillara
Via Calimala
Via Calimaruzza
Piazza di Santa Cecilia
Piazza della Signoria
Via de'Gondi
Borgo dei Greci
SANTA CROCE
Via del Corno
Via Vinegia
Via dei Leoni
Piazza del Grano
Via dei Neri
Via de' Tornabuoni
Chiasso Ricasoli
Via delle Bombarde
Via del Fiordaliso
Via delle Terme
Chiasso del Cornino
Chiasso delle Misure
Via di Capaccio
Via Vacchereccia
Borgo SS Apostoli
Chiasso degli Altoviti
Piazza del Limbo
Piazza Saltarelli
Chiasso de' Baroncelli
Ponte Santa Trinita
Lungarno degli Acciaiuoli
Vic dell'Oro
Via Por Santa Maria
Piazza de' Santo Stefano
Via Lambertesca
Piazzale degli Uffizi
Piazza Castellani
Piazza del Pesce
Via de'Girolami
Via dei Georgofili
Via de' Castellani
Via Castello d'Altafronte
Via Osteria del Guanto
Via della Mosca
Ponte Vecchio
Arno
Piazza dei Giudici
Via dei Saponai
Piazza Mentana
Lungarno Generale Diaz
OLTRARNO
Via Guicciardini
Via de' Bardi
Piazza di Santa Maria Soprarno
N
0
200 m
A
B
C
D
E
F
5
6
7
8

★ IMPRESCINDIBLE

Cattedrale di Santa Maria del Fiore

Para penetrar en el alma de la ciudad y entender mejor a los artistas que pusieron en el mapa la Florencia renacentista, hay que dedicar un día al Duomo (catedral) y sus tesoros eclesiásticos. Su descomunal cúpula, su campanario a rayas y su fachada de mármol en distintos tonos son sencillamente espectaculares.

PLANO: P. 38 **E1**

CONSEJO
Conviene subir a la cúpula a primera hora. Elíjase la franja horaria al sacar las entradas en línea o en las taquillas de Piazza del Duomo 14a y Piazza San Giovanni 7.

Escanea este código QR para precios, horarios y demás.

Arquitectura

En **Piazza del Duomo** se procesa durante unos minutos la inmensidad de la catedral y su campanario. El Duomo lo diseñó el arquitecto sienés Arnolfo di Cambio y, aunque las obras comenzaron en 1296, tardó casi 150 años en construirse. Su fachada inacabada terminó siendo desmantelada en 1587 (las estatuas retiradas y las propuestas presentadas en el s. XVI para una nueva fachada pueden verse en el Museo dell'Opera del Duomo, p. 44). La radiante fachada neogótica actual la diseñó el arquitecto Emilio De Fabris en el s. XIX.

Cúpula

La distintiva **cúpula** de terracota de la catedral es desde 1436 un elemento inconfundible del perfil urbano de la ciudad. Subir los empinados 463 escalones que recorren su interior es inolvidable. Inspirado en el Panteón de Roma, el arquitecto e ingeniero Filippo Brunelleschi (1377-1446) pasó 42 años trabajando en la famosa cúpula, logrando en última instancia lo que para muchos florentinos se antojaba imposible: la mayor cúpula en construirse desde la Antigüedad, de 45 m de ancho por 90 m

JAVEN/SHUTTERSTOCK ©

de alto. Se aconseja llevar calzado de suela plana (nada de tacones ni chanclas) y ascender sin prisas. El viajero quedará atónito al contemplar desde la balaustrada de la base de la cúpula los frescos de finales del s. XVI que engalanan por completo esta soberbia estructura de 4500 m².

Pintados por Giorgio Vasari y Federico Zuccari, representan el *Giudizio Universale* (*Juicio Final;* 1572-1579) y constituyen una de las mayores obras del mundo. Repárese en los pecadores sodomizados con una horqueta, en la agotada Madre Naturaleza con los pechos arrugados y en las cuatro estaciones dormidas a sus pies. El pronunciado tramo final –no apto para niños pequeños– hasta la linterna recompensa con una espléndida panorámica de una de las ciudades más hermosas de Europa.

UNA PAUSA
Tras la extenuante subida se pueden recargar las pilas en el **Bar Museo Opera del Duomo** (p. 58), donde también sirven desayunos.

MÚSICA EN EL DUOMO

El Duomo era conocido por la bonita música compuesta para su liturgia en el s. XVI. En la sala 28 se pueden escuchar piezas y hojear digitalmente libros de coro.

Interior

Tras descender, toca explorar el vasto **interior** del Duomo (155 m de largo por 90 m de ancho), que resulta sorprendentemente espartano. Sus tesoros eclesiásticos se hallan en el Museo dell'Opera del Duomo (p. 44); las piezas que se conservan, más sobrias y seculares, reflejan el hecho de que la catedral se erigió como iglesia estatal.

Se empieza en la nave izquierda, donde se observan dos inmensos frescos de sendas estatuas ecuestres que representan a dos *condottieri* (mercenarios): a la izquierda Niccolò da Tolentino, obra de Andrea del Castagno (1456), y a la derecha, John Hawkwood (que luchó al servicio de Florencia en el s. XIV), de Paolo Uccello (1436). Quienes vayan

Duomo de Florencia

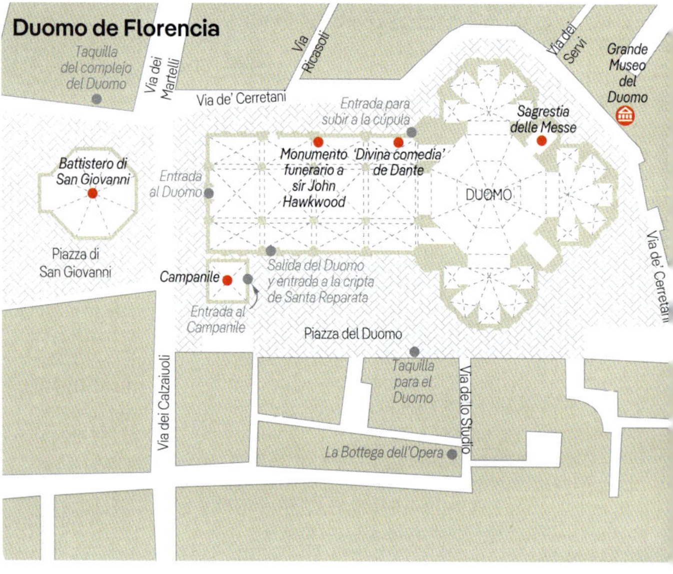

tras los pasos de Dante Alighieri (1265-1321) no querrán perderse *La Commedia illumina Firenze* (1465), un fresco de Domenico di Michelino que plasma al poeta florentino rodeado de los mundos de ultratumba que describe en la *Divina comedia:* el purgatorio está detrás de él, su mano derecha apunta al infierno, y la ciudad de Florencia es, por supuesto, el paraíso.

Cripta

Tras salir al lado norte de Piazza del Duomo, se vuelve a entrar en la catedral por la puerta lateral situada frente al campanario, que desciende hacia la **cripta.** Allí pueden verse los restos excavados de la **Chiesa di Santa Reparata** (s. v), el primer templo que se construyó en este emplazamiento, y la tumba de Brunelleschi. Repárese en los suelos de mosaico de mármol; para los paleocristianos, los pavos reales simbolizaban la vida eterna.

Campanile

De regreso a Piazza del Duomo, toca unirse a la cola del esbelto **campanario** del Duomo: una asombrosa estructura de estilo gótico florentino diseñada por Giotto, el genio muchas veces reconocido como el artista fundador del Renacimiento. Por el interior de esta torre de 85 m –cuyas vistas rivalizan con las de la cúpula de Brunelleschi– asciende una empinada escalinata de 414 escalones; absténganse personas claustrofóbicas; los menores de 18 años deben ir acompañados de un adulto.

Battistero di San Giovanni

Estudiar de cerca las diminutas escenas bíblicas que decoran el interior de la cúpula de 35 m del baptisterio y aprenderlo todo acerca de la restauración de su magistral mosaico medieval de 1037 m^2 es una experiencia única. Dedicado al santo patrón local, el octagonal **Battistero di San Giovanni** se

INSÓLITO RELOJ

Hay que alzar la vista para admirar el reloj de la catedral, pintado como una flor por Paolo Uccello (1397-1495) entre 1440 y 1443. Su única manecilla -que imita un pétalo- gira en sentido contrario al habitual, cuenta 24 horas y marca la primera hora del día a partir del ocaso (en vez de medianoche). De su mantenimiento se ocupan dos operarios que cada pocos días ajustan su mecanismo a la puesta de sol.

UN CIRCUITO DIFERENTE
Es posible esquivar las multitudes apuntándose a una íntima visita guiada por los espacios secretos de la catedral: la **Sagrestia delle Messe,** obra maestra de la marquetería renacentista, tallada por Benedetto y Giuliano da Maiano entre 1436 y 1468; la terraza de la azotea, situada sobre la línea del tejado de la nave, y el mosaico del Baptisterio, en restauración. Resérvese plaza con antelación en duomo.firenze.it.

construyó en mármol blanco y verde a rayas sobre las ruinas de un templo romano del s. XI.

Durante siglos acapararon todas las miradas las puertas de bronce bañado en oro de sus cuatro entradas. (Las originales están en el Museo dell'Opera del Duomo.) Pero desde el 2023 –y hasta el 2030–, la atención se centra en la restauración del deslumbrante mosaico del techo del baptisterio, realizado entre 1225 y 1330 por los mejores creadores de mosaicos bizantinos, sin tocar desde el último proceso de restauración al que se sometió, en 1907.

Solo puede verse en una visita guiada. Provisto de un casco, se permite subir a un andamiaje de 17,5 m de altura para observar de cerca la labor de los restauradores y caminar por parte del perímetro de la bóveda junto al impresionante puzle de mosaicos realizado con diminutas teselas de mármol de Carrara y piedras preciosas de diferentes colores. En él pueden verse escenas de las vidas de san Juan Bautista, la historia de José y relatos del Génesis.

Museo dell'Opera del Duomo

El colofón a la experiencia lo pone este sereno **museo** en cuyas 28 espaciosas salas cobran vida la apasionante historia de la catedral, su cúpula y sus sagrados tesoros. En el 2026 se inaugurará una nueva ala en el contiguo Palazzo Compagni, con la que se duplicará la capacidad del museo.

No hay como sentarse en un banco de su espacio principal, la **Sala del Paradiso** (nº 6), y deleitarse con la plácida música sacra de fondo mientras se contempla el extraordinario detallismo de las cuatro puertas originales del Baptisterio, cada una de 16 m de alto. Ghiberti diseñó su elemento de referencia, la fabulosa Porta del Paradiso (1425-1452) para la entrada oriental, así como la de la entrada norte (1403-1424). Frente a las puertas se encuentra una reconstrucción a tamaño real de la fachada original del Duomo, de estilo medieval, decorada con unas 40 estatuas talladas por maestros del s. XIV.

JULIAN ELLIOTT PHOTOGRAPHY/GETTY IMAGES ©

Los aficionados al arte creerán estar en el cielo en la **Sala della Maddalena** (sala 8), donde se exhibe una representación en madera de Donatello de una mujer demacrada: la desolada *María Magdalena penitente*, de mediados del s. XV. Le sigue la **Tribuna di Michelangelo** (sala 10), que contiene la excepcional *Piedad* de Miguel Ángel, esculpida por el artista para su propia tumba cuando era casi un octogenario.

En la **Galleria del Campanile** (sala 14), en el 1er piso, se resuelve el enigma en torno a la construcción -sin cimbras- de la innovadora cúpula de Brunelleschi, donde además de una proyección, se muestran herramientas, poleas, cordajes y montacargas del s. XV utilizados durante las obras, así como la máscara funeraria del arquitecto (1446). La visita termina en la **Terrazza Brunelleschi** de la 2ª planta, desde donde se obtiene una última perspectiva de esta pionera obra maestra.

SILENCIO CONTEMPLATIVO

Para una perspectiva distinta de la catedral, cabe asistir a una misa. El Museo dell'Opera del Duomo está tachonado de bancos que invitan a sumirse en su serenidad; en la sala 23 suena música coral.

★ IMPRESCINDIBLE

Galleria degli Uffizi

Premiada con una de las mayores colecciones de arte renacentista italiano del mundo, la principal galería de Florencia ocupa el inmenso Palazzo degli Uffizi (1560-1580). Los Medici cedieron la colección a la ciudad, en 1743, a condición de que esta nunca saliera de ella. Garantizan su vigencia las incorporaciones contemporáneas.

PLANO: P. 39 **E6**

CONSEJO
Para evitar colas, resérvense entradas en línea para una franja horaria (reservas 4 €; se retiran en los Uffizi). El rentable PassePartout (válido 5 días) da acceso al Palazzo Pitti y a los jardines de Boboli.

Escanea este código QR para precios, horarios y demás.

Arte medieval toscano y sienés

Tras llegar al **Corridoio di Levante,** en la 2ª planta, conviene descargarse un plano -mediante un código QR- antes de sumergirse en la serenidad de la Toscana medieval. Diseñada al estilo de una capilla del Medievo, en la sala A4 se exponen tres deslumbrantes retablos -de los maestros toscanos Duccio di Buoninsegna, Cimabue y Giotto- en los que se aprecia la transición del gótico al estilo renacentista. En la contigua A5 esperan las vírgenes de principios del s. XIV de Lippo Memmi, Simone Martini y Pietro Lorenzetti; la de este último denota un estilo realista similar al de Giotto.

Pioneros renacentistas

La perspectiva distinguió a la escuela florentina de principios del s. XV (sala A9) que impulsó el Renacimiento. Uno de los paneles de la formidable *Batalla de San Romano* (1436-1440) de Paolo Uccello, que celebra la victoria de Florencia sobre Siena en 1432, muestra el afán del artista por crear perspectiva, con un curioso resultado. Otro indispensable en la misma sala es la exquisita *Madonna con bambino e due angeli* (*Virgen con el Niño y dos ángeles;* 1460-1465) de Fra' Filippo Lippi, que influyó claramente en su pupilo Sandro Botticelli.

ALKANE/GETTY IMAGES ©

En una vitrina acristalada se exhiben los retratos –llenos de verrugas e imperfecciones– del duque y la duquesa de Urbino (1465), de Piero della Francesca. El duque perdió el ojo derecho en una justa, de ahí que se muestre solo su perfil izquierdo, mientras que la duquesa aparece sumamente pálida para dar a entender que el retrato se pintó póstumamente.

Botticelli

No hay que apresurarse en la **Sala de Botticelli** (A11 y A12), una espectacular oda al artista compuesta por 12 de sus obras maestras. Una multitud se agolpa permanentemente ante *La nascita di Venere* (*El nacimiento de Venus;* c. 1485), *Primavera* (c. 1482) y *Madonna del Magnificat* (1483): las obras más icónicas de este maestro renacentista conocido por sus figuras etéreas. Dedíquese cuanto sea preciso a estudiar el realismo de su menos conocida *Annunciazione (Anunciación),* un fresco de 6 m de ancho que pintó en 1481 para el hospital San Martino de Florencia.

Terraza de los mapas y tribuna

Un máximo de 25 personas pueden acceder al mismo tiempo al fascinante **Terrazzo delle Carte** (A14) para admirar los monumentales mapas de pared del Gran Ducado de Toscana encargados por Fernando de Medici entre 1588 y 1589 para reflejar su poder político, económico y militar. No menos megalómana es la cautivadora **Tribune** (A16), un octagonal tesoro creado por Francisco I entre 1581

Galleria degli Uffizi

Segunda planta

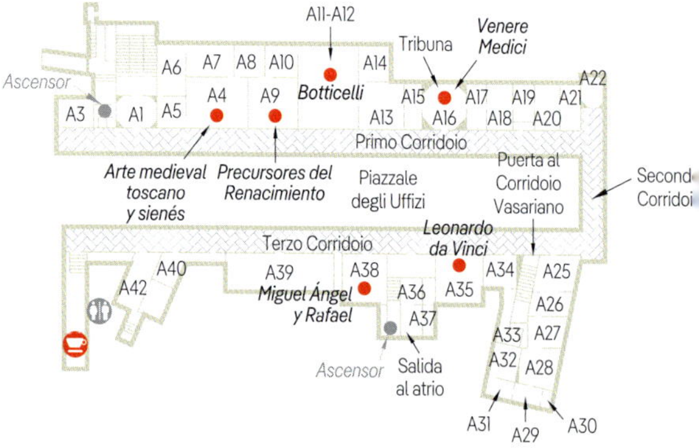

y 1586. Diseñada para impresionar, alberga varias obras de valor incalculable colgadas de sus paredes y, en el techo, luce una cúpula con 6000 conchas nacaradas sobre un fondo carmesí.

Leonardo da Vinci

La exquisita **Sala di Leonardo** (A15) presenta la magistral *Annunciazione* (1472), pintada por el artista no para ser admirada desde una posición central, sino desde la parte inferior derecha del cuadro (obsérvese el brazo largo en exceso de María antes de desplazarse hacia la derecha y apreciar el cambio de perspectiva).

La *Adoración de los Reyes Magos* (1481-1482), encargada para el altar del monasterio de San Donato a Scopeto, cerca de Florencia y jamás terminada, es típica de la pintura florentina figurativa del s. XV. Se trata de una de las primeras obras de los Uffizi (desde 1670).

Miguel Ángel y Rafael

El apabullante *Doni Tondo* de Miguel Ángel, una representación de la Sagrada Familia, puede verse en la sala A38. La inusual composición presenta unos colores tan vivos como cuando el pintor ejecutó la obra, entre 1504 y 1506. Fue un encargo del mercader Agnolo Doni (quien colgó el cuadro sobre su cama), aunque en 1594 los Medici lo adquirieron para el Palazzo Pitti. Otra obra maestra del Alto Renacimiento exhibida en esta sala es la *Madonna col bambino e San Giovanni* (*Virgen con el Niño y san Juan;* 1505-1506) de Rafael, también conocida como la *Virgen del jilguero,* por la pequeña ave acurrucada en las manos de un pequeño Juan Bautista. El artista lo plasmó durante los cuatro años que pasó en Florencia.

UNA PAUSA

Visitar el café del museo para tomar algo y contemplar las vistas del Palazzo Vecchio o dirigirse a 'Ino y pedir un *panino gourmet.*

Autorretratos

Escaleras abajo, en la 1ª planta, las paredes de las salas C1 a C12 alojan la mayor colección de autorretratos de artistas del mundo. Maravillosamente diversas y eclécticas, sus 12 salas se presentan en orden cronológico, del s. XVI a la actualidad. En la sala C1 cuelgan óleos de Rembrandt y Rubens junto a sublimes autorretratos en miniatura de Lavinia Fontana (1552-1614), pintados en 1529 por la irreverente artista renacentista natural de Bolonia: la primera mujer reconocida como profesional del arte. Surgen más figuras femeninas del s. XVIII en adelante: destacan, entre otros, los autorretratos de la florentina Violante Beatrice Siries (1709-1783) y de la noble napolitana Chiara Spinelli (1744-1823).

CANBEDONE/SHUTTERSTOCK ©

El arte digital, el arte callejero y los autorretratos de artistas internacionales de diferentes etnias caracterizan las obras contemporáneas de la sala C12. En un llamativo autorretrato del artista callejero británico Endless puede verse a este, con el rostro tapado, sosteniendo una revista con el famoso anuncio de Calvin Klein en el que aparece Mark Wahlberg agarrándose la entrepierna, y que para Eric Schmidt, exdirector de la Galleria degli Uffizi, es comparable a *El Nacimiento de Venus* (desde una mirada radicalmente opuesta).

Caravaggio y Artemisia

En las salas color escarlata situadas al final del pasillo de la 1ª planta, el viajero se sumergirá en el s. XVII con los cuadros de Caravaggio y Artemisia (E2, E4 y E5), rebosantes de dramatismo. Artemisia Gentileschi, una de las artistas más consumadas de su tiempo, firmó obras de gran carga emocional desde una perspectiva femenina. Su brutal y cruenta representación de **'Judit decapitando a Holofernes'** (1620-1621) es un ejemplo clásico. Igual de vehemente es **'Testa di Medusa'** (1597), donde Caravaggio pintó a la figura mitológica sobre un escudo ceremonial con el que Fernando I de Medici fue obsequiado en 1598.

Terre degli Uffizi

Si llegara a abrumar el gran tamaño, la solemne formalidad o el incesante gentío de los Uffizi, una buena idea sería interesarse por el proyecto conocido como las **Tierras de los Uffizi** (uffizi.it/en/terre-degli-uffizi), una iniciativa ideada para abordar el problema del turismo masivo en Florencia, diseminando el arte y celebrando el legado artístico de otras localidades toscanas. Más detalles en la web.

CON BUENAS VISTAS

El **Secondo Corridoio** (2ª planta) y la más tranquila **Verone sull'Arno** (1ª planta) brindan serenas vistas del Arno y las bucólicas colinas florentinas.

EXPERIENCIAS

Explorar los entresijos del Palazzo Vecchio

PALACIO-FORTALEZA

PLANO: 1 P. 39 **E5**

Con sus pintorescas almenas, una imponente torre y una réplica del *David* elevándose sobre la plaza más emblemática de Florencia, el **Palazzo Vecchio** es espectacular. Construido por encargo de la Signoria (Ayuntamiento) entre 1298 y 1314, este palacio-fortaleza fue el centro de la vida política en la Florencia medieval y hoy es la sede de la oficina del alcalde y del Consistorio. Cosme I residió en sus apartamentos ducales de 1540 a 1549. Las vistas de la ciudad desde la **Torre d'Arnolfo,** de 94 m, son fascinantes; merece la pena visitar en un día claro para asegurarse de que esté permitido subir sus 418 escalones.

Dentro, en el deslumbrante **Salone dei Cinquecento,** se alza la sensacional escultura de Miguel Ángel *Genio della Vittoria*. Con todo, su principal baza son los lugares secretos que revela el circuito guiado **Secret Passages,** ya sean las escaleras construidas como rutas de escape entre los gruesos muros del palacio; el **Tesoretto** (tesoro) de Cosme I, donde el gobernante Medici guardaba objetos curiosos; o el **Studiolo** (estudio) de Francisco I, cuyos cuadros ocultaban una veintena de armarios con tesoros escondidos. Las entradas han de reservarse con antelación en la taquilla del Palazzo Vecchio o en línea a través de musefirenze.it.

Asomarse a un hogar medieval en el Palazzo Davanzati

PALACIO-MUSEO

PLANO: 2 P. 39 **B5**

Curioseando por las estancias del **Palazzo Davanzati** se aprenderá una fascinante lección sobre arquitectura tradicional florentina y su transición de la Edad Media al Renacimiento. A mediados del s. XIV, la acaudalada familia Davizzi unió varias casas-torre medievales para crear su hogar en Via Porta Rossa. A partir de 1578, la familia de comerciantes Davanzati adornó el *palazzo* con una *loggia,* escudos de armas grabados en piedra y otros elementos decorativos. Al recorrer sus tres plantas -dispuestas alrededor de un patio central- se verán techos pintados de madera, murales que se asemejan a tapices, piezas de cerámica y muebles de nogal, todo del s. XVI.

Admirar arte contemporáneo en el Palazzo Strozzi

GALERÍA DE ARTE

PLANO: 3 P. 38 **A4**

Fascinantes exposiciones de arte que abarcan todos los períodos y géneros, talleres interactivos, visitas guiadas, actividades en familia... El **Palazzo Strozzi** gusta a todo el mundo. La mansión renacentista del s. XV se erigió por encargo de uno de los grandes rivales políticos y comerciales de los Medici: el adinerado comerciante Filippo Strozzi. Revisten especial interés sus eventos de arte contemporáneo. Su elegante patio es fantástico para codearse con los florentinos a la última mientras se admira una llamativa instalación de arte o se toma un trago en el Strozzi Bistrò. La galería abre hasta las 23.00 los jueves.

Los aficionados al arte moderno pueden combinarlo con el **Palazzo Bartolini Salimbeni,** a 2 min a pie por Via de' Tornabuoni. Construido en 1520, custodia la colección de arte privada del coleccionista florentino **Roberto Casamonti** (PLANO: 4 P. 39 **A5**), que va del s. XX al presente.

Tras los pasos de los Medici por el Corridoio Vasariano LUGAR HISTÓRICO

PLANO: 6 P. 39 **D7**

Envuelto en misterio (en parte por haber estado cerrado durante años), el famoso **Corridoio Vasariano** fue diseñado por Georgio Vasari en 1565 para posibilitar que los Medici pudieran desplazarse entre sus palacios a ambos lados del Arno de manera cómoda y discreta. El pasaje techado de 1 km de longitud conecta el Palazzo Vecchio con los Uffizi (p. 46) y el Palazzo Pitti (p. 112). Sobre las joyerías situadas en el extremo este del Ponte Vecchio se pueden observar los ventanales que Benito Mussolini mandó abrir en los muros del pasillo para recibir a Hitler en su visita a Florencia en 1941. Está previsto que, tras numerosos retrasos, el Corridoio Vasariano reabra sus puertas al público a principios del 2025, aunque únicamente a través de visitas guiadas con grupos reducidos.

La pasarela lucirá estatuas griegas y romanas guardadas en los Uffizi desde 1919, frescos del s. XVI que antaño adornaban sus muros exteriores, y memoriales del bombardeo de Florencia en 1944 y del atentado de 1993.

Véase firenzemusei.it para más información y reservas.

LAS MEJORES EXPERIENCIAS ALTERNATIVAS PARA NIÑOS

Scoppio del Carro

El espectáculo de pirotecnia que tiene lugar el domingo de Pascua a las 11.00 junto a la catedral deja atónito a cualquiera.

Museo Galileo

PLANO: 5 P. 39 **E7**

A los peques les encanta la sección interactiva de este vanguardista museo de ciencias, entre cuyas curiosas muestras se exhiben dos dedos y un diente del gran científico Galileo Galilei, invitado a Florencia por los Medici en 1610.

Circuito nocturno en 'segway'

Si se viaja con adolescentes, hacer una ruta guiada en estos silenciosos vehículos de dos ruedas es siempre una forma divertida de descubrir el centro histórico (italysegwaytours.com).

Paladear los delicados dulces de Galleria Iginio Massari
PASTELERÍA

PLANO: 7 P. 38 **B3**

Los más golosos no querrán perderse las exquisitas creaciones de Iginio Massari, el mejor pastelero de Italia. Situada en Via de' Vecchietti, su vistosa "galería" de estilo *art déco* parece un espejismo tras pasar por la bulliciosa Piazza della Repubblica, una manzana al este. Tras examinar las exquisiteces de su refinada vitrina, lo indicado es pasar al contiguo **Salotto** (salón), y desde el confort de su coqueta zona de asientos en tonos pastel, ver a los reposteros en plena acción en su obrador semiabierto antes de mimarse por todo lo alto. Probar sus emblemáticos *maritozzi (brioche)*, rellenos de nata montada con pistacho o vainilla, es un rito iniciático.

Vie di Dante
PASEO URBANO

PLANO: 8 P. 38 **F4**

Para ir tras la pista del autor de la **'Divina comedia'** basta seguir el camino de Dante desde el **Museo Casa di Dante,** construido en 1910 sobre los cimientos de la morada del poeta florentino en Via Santa Margherita. Sus descripciones ficticias del infierno, el purgatorio y el cielo en el s. XIV han influido sobremanera el arte occidental. El recorrido continúa con la visita a la **Chiesa di Santa Margherita** (PLANO: 9 P. 38 **F3**), del s. XI, donde el gran poeta espiaba a Beatrice Portinari, su musa y, con el tiempo, contraería matrimonio con Gemma Donati; los restos de ambas yacen aquí. El itinerario culmina disfrutando de un *lampredotto* (bocadillo de tripa) sentado en un taburete en el incombustible Da Vinattieri (p. 57).

Vivir la 'passegiata' en Via de' Tornabuoni
PASEO

PLANO: 10 P. 38 **A4**

No hay nada más sagrado para un florentino que la *passeggiata* y no hay mejor calle para participar en este ritual vespertino que **Via de' Tornabuoni,** apodada *"il Salotto di Firenze"* por los imponentes palacios renacentistas y exclusivas tiendas de moda (Pucci, Fendi, Gucci, Prada, Armani, Versace) que tachonan su recorrido, escogida por los urbanitas vestidos de punta en blanco para pasear, charlar, picotear e ir de compras.

Officina de' Tornabuoni (PLANO: 11 P. 38 **A2**), en el nº 19, es una ilustre farmacia que vende cosméticos, fragancias y tés a partir de flores cultivadas en Chianti; los florentinos llevan desde 1843 comprando su aterciopelada Crema La Magnifica. Más al norte, frente a la **Chiesa dei Santi Michele e Gaetano** (1604-1648; PLANO: 12 P. 38 **B2**), se encuentra el Palazzo Antinori, residencia desde el s. XV de la reconocida familia de vinateros toscanos; ofrecen sesiones de catas en **La Riserva di Palazzo** (PLANO: 13 P. 38 **A2**), en la planta baja. Al atardecer, la costumbre dicta pedir un delicado *panino* de trufa con una copa de *prosecco* en Procacci (p. 58).

Relajarse en el Cinema Odeon

LIBRERÍA

PLANO: 14 P. 38 **B4**

Ya sea para resguardarse de la lluvia, besarse, trabajar con el portátil o para hacer tiempo entre visitas turísticas, el **Cinema Odeon** nunca falla. Este distinguido cine de espectacular interior modernista abrió en 1922 en el renacentista Palazzo dello Strozzino, obra de la familia Strozzi en 1457. En el 2023, esta sala de época se transformó en el **Giunti Odeon,** una librería con un café y proyecciones programadas casi todas las noches (21.00). El anfiteatro original, con butacas reclinables bajo una asombrosa cúpula de estilo Tiffany, es de acceso gratis todo el día.

Conocer la moda florentina en Gucci Garden

MUSEO DE MODA

PLANO: 15 P. 39 **E5**

Es posible dar rienda suelta al aficionado a la moda que todo el mundo lleva dentro en **Gucci Garden,** una oda a este gigante florentino referente del rico panorama local desde 1921. Instalada en el Palazzo della Mercanzia, en Piazza della Signoria, su exclusiva *boutique* al estilo de un *boudoir* cumple una función tanto comercial como sensorial. Escaleras arriba, en las plantas 1ª y 2ª, se ilustra la historia de Gucci. No se cobra entrada a los comensales de Gucci Osteria, el restaurante del jardín. No hay que marcharse de la ciudad sin probar un cóctel de la galardonada mezclóloga Martina Bonci en **Giardino 25** (p. 59), el exquisito bar-cafetería de Gucci.

Deleitarse con la vida palaciega en Salotto Portinari

DE MODA ENTRE LUGAREÑOS

PLANO: 16 P. 39 **F3**

Sito en el deslumbrante patio porticado del Palazzo Portinari Salviati, el sofisticado **Salotto Portinari Bar & Bistrot** es el nuevo local del momento entre lugareños enterados y entusiastas del arte. De su cocina, abierta todo el día, salen desayunos, los famosos *risottos* del chef y distintivas creaciones de temporada (menú de 2/3 platos 38/45 €), incluidas irresistibles trufas de invierno, *linguine* con erizo de mar, y tiernos corazones de alcachofa, todo ello realzado por frescos renacentistas originales.

Su chef, el premiado Vito Mollica, tienta a los amantes del buen comer en **Atto di Vito Mollica** (menús degustación 160-200 €), una meca gastronómica oculta en una sucesión de íntimas salas llenas de frescos y *loggias* con bóvedas de cañón alojadas en el mismo *palazzo*. Entre la miríada de lunetas decorativas y ciclos de frescos alegóricos del s. XVI, resalta el atractivo friso sobre la antigua parodia de epopeyas de *La Batracomiomaquia*.

LOS MEJORES BARES DE AZOTEA AL ATARDECER

Angel

PLANO: 17 P. 38 **D4**

Con emparrados y los mejores ángulos del Palazzo Vecchio, el bar del Hotel Calimala es genial para un trago con vistas de 360°.

La Terrazza

PLANO: 18 P. 39 **C6**

En el sofisticado bar de verano del Hotel Continentale esperan cócteles, un modesto bufé de *aperitivo* y panoramas de cinco estrellas. Vístase en consonancia.

Tosca & Nino

PLANO: 19 P. 38 **D3**

En Piazza della Repubblica, se va a la 4ª planta de los grandes almacenes La Rinascente para descubrir este café asomado al Duomo y los cerros florentinos.

Comer hasta la saciedad en el Mercato Nuovo

MERCADO

PLANO: 20 P. 39 **C5**

El principal motivo para visitar esta retahíla de chabacanos puestos bajo los arcos de piedra de la *loggia* que protege el mercado desde el s. XVI no es precisamente para comprar artículos de piel de dudosa calidad, sino para acariciarle el hocico a **Il Porcellino** (una estatua de bronce de un jabalí) y asegurarse así el regreso a Florencia algún día.

Los florentinos que saben van a **Il Trippaio del Porcellino** (PLANO: 21 P. 39 **C5**), un carrito que lleva desde 1893 despachando *lampredotto* (tripa, troceada y cocinado a fuego lento), *trippa alla Fiorentina* (callos con tomate) y *panini al bollito* (bocadillos de ternera hervida).

En busca del 'negroni' perfecto

RUTA DE BARES

PLANO: 22 P. 39 **D5**

Una buena idea es hacer una ruta de bares por la ciudad que vio nacer este cóctel clásico a base de ginebra, Campari y vermú. Se empieza en el **Caffè Rivoire** (1872), en Piazza della Signoria, histórico y famoso por su chocolate a la taza (8,50 €), pero cuyo *negroni* es conocido. Se puede pedir un trío de versiones de menor tamaño (16 €) o acudir el jueves, cuando el trago clásico sale por 10 €.

Sigue el **Caffè Gilli** (PLANO: 23 P. 38 **C3**), donde se prueba el *negroni* de Luca Picchi, autor de *Negroni Cocktail: An Italian Legend* (2015). **Move On** (PLANO: 24 P. 38 **D2**), junto a la catedral, es tendencia gracias a TikTok. Se termina en **Giacosa** (PLANO: 25 P. 38 **A3**), reencarnación del decimonónico Caffè Casoni convertido en el Caffè Giacosa, donde un día de 1919 el conde Cammillo Luigi Negroni pidió un raro brebaje combinado que conquistaría el mundo. Los especialistas de **Curious Appetite** (curiousappetitetravel.com) organizan circuitos (también culinarios) salpicados de curiosidades.

Lo mejor para...

Localizaciones en el plano de la **p. 38**

€ Económico €€ Medio €€€ Alto

Comer

Un bocado rápido

'Ino €

26 D7

Ingredientes artesanos combinados creativamente son el secreto de esta selecta sandwichería regentada, cerca de los Uffizi, por el apasionado Alessandro Frassica. Excelente variedad de vinos y chocolates toscanos, además. *12.00-16.30*

Da Vinattieri €

27 F3

Pequeño local en plena 'calle de Dante', que sirve sabrosos *panini* de callos y una veintena de *schiacciate* (sándwiches) de rellenos varios. Pueden pedirse para llevar o para disfrutar en una banqueta a pie de calle. *11.30-19.00*

Toscana tradicional

Osteria I Buongustai €

28 E4

Sirven auténtica carbonara, *coccoli* (bolas de masa de *pizza* frita de diferentes rellenos)... La algarabía es perenne. Solo efectivo. *12.00-15.30 lu-sa*

Trattoria Le Mossacce €

29 F3

Decorada con jamones y ristras de ajos, la *bistecca alla fiorentina* de esta *trattoria* familiar se sitúa entre las mejores del lugar. *12.00-14.30 y 19.00-21.30 lu-vi*

Italiana moderna

Irene €€€

30 D3

Las privilegiadas vistas del trasiego en Piazza della Repubblica garantizan el espectáculo en su terraza. Dentro aguarda un atractivo diseño estilo años cincuenta y la atrevida cocina toscana del chef Fulvio Pierangelini. *7.30-22.30*

Mangiafoco €€

31 C6

Las suculentas trufas son el principal gancho de esta exclusiva *osteria* que exalta el codiciado hongo toscano. El tartar de ternera Chianina con láminas de trufa y los *pici* (espaguetis gruesos) a la trufa son celestiales. *12.00-24.00*

'Gelato'

Perché no! €

32 D4

La heladería artesana de los Camilli lleva desde 1939 seduciendo a los lugareños con su celebrado *semifreddo* e innovadores sabores. *12.00-19.00 mi-lu*

Venchi €€

33 D3

Uno de los mejores chocolateros de Turín (de 1878) se encarga de surtir a esta heladería situada en la principal vía comercial de Florencia; cucuruchos *gourmet*, recubiertos de chocolate y frutos secos, saben a gloria. *10.00-24.00*

Para acompañar con vino

Cantinetta dei Verrazzano €

34 D4

A esta panadería y cava a la vieja usanza se va a paladear *focaccia, cecina* (torta de harina de garbanzos) y tablas de embutidos (pruébese la *sbriciolona*, salami con semillas de hinojo) que casan a la perfección con los tintos de la bodega familiar en Chianti. *8.00-16.00 lu-sa*

Coquinarius €€

35 E3

Moderna enoteca abovedada con un ambiente entre rústico y chic. Sus excelentes *crostini*, *carpacci* y pastas de temporada saben mejor acompañados de sus caldos toscanos. *12.00-15.00 y 19.00-24.00 lu-sa*

Beber

Café y repostería

Bar Museo Opera del Duomo

36 F1

Sito en un museo contemporáneo, su incondicional clientela local acude atraída por el excelente café y la deliciosa bollería rellena. *8.00-20.00, desde 8.30 do*

Café Odeon

véase 14 B4

Es imposible no quedar prendado de este café de corte artístico, con palcos que miran a su histórica pantalla de cine y un espacio para lecturas y degustaciones. Comidas, *brunches*, aperitivos y cócteles. *9.30-23.30, hasta 2.00 vi y sa*

Shake Café

37 E3

Matcha latte con hielo, café de filtro, *mocachino*, café con *ginseng*... Hay cafés para todos los gustos en este creativo (y certero) establecimiento ecológico en Via del Corso. Licuados, chupitos, *wraps*, cuencos y *bagels*, además. *8.00-19.00*

Amblé

38 B6

Los muebles de época (todos a la venta) le aportan un ambiente entre chic y desastrado, y, en verano, su microscópica terraza parece a años luz del tumulto. *18.00-24.00 ma, desde 12.00 mi-do*

'Aperitivo' y catas de vino

Procacci

39 A3

El último bastión que queda de los antiguos locales florentinos de Via de' Tornabuoni nació en 1885 como delicatesen especializado en trufas. *10.00-21.00 lu-sa, 11.00-20.00 do*

Enoteca Alessi

40 E3

Insuperable vinatería familiar donde surtirse de vinos toscanos, ginebras artesanas y una gama de bíteres. Tiene su propia cava para degustaciones y más de 2500 caldos acompañados de tablas de queso/charcutería. *10.30-19.00 lu-sa*

Colle Bereto

41 B4

Siempre juvenil, su glamurosa parroquia asegura el ambiente festivo en este arraigado bar de aperitivos detrás del Palazzo Strozzi. En verano, la clientela se desparrama por la plaza. *8.00-5.00*

La Riserva di Palazzo

véase 13 A2

Tintos de Chianti y Barolo cortesía de una de las familias vinícolas más ilustres de la Toscana. Su interior de regusto clásico, sito en el Palazzo Antinori (1461-1465), impresiona tanto como el vino. *11.30-18.30 mi-lu*

Caffè dell'Oro

42 C6

Ubicada en una calle peatonal con envidiables

vistas del Ponte Vecchio, la elegante terraza de este café de lo más *cool* cotiza al alza. *7.00-24.00*

Cócteles

Gucci Giardino 25

43 E5

La mezclóloga Martina Bonci, del elegante café-bar de Gucci, pone el listón de la coctelería local en lo más alto gracias a su talento. *10.00-24.00*

Move On

véase 24 D2

TikTok ha lanzado a la fama a este *pub* y tienda de vinilos, con una fotogénica terraza que asoma al baptisterio en Piazza di San Giovanni. Mandan las cervezas artesanas patrias y los cócteles. *16.30-1.00 mi-vi, 11.00-14.00 sa, 11.00-1.00 do*

Comprar

Moda y accesorios

Benheart

44 D3

Artículos únicos de piel auténtica (zapatos informales, chaquetas, cinturones para hombre y mujer...) confeccionados a mano por el aclamado Ben, un diseñador afincado en Florencia que trabaja con cuero de búfalo y otras pieles suaves. *10.30-20.00*

Angela Caputi

45 B6

Los florentinos han sucumbido a la colorida joyería en resina de Angela Caputi, al pie del cañón desde los años setenta. La bisutería es su fuerte. *10.00-13.00 y 15.30-19.30 lu-sa*

Luisa Via Roma

46 C2

Es posible asomarse a la escena de la moda contemporánea en esta emblemática tienda repleta de marcas de lujo y piezas de diseñadores menos conocidos. En la 1ª planta hay un café. *10.30-19.30 lu-sa, desde 11.00 do*

Paolo Penko

47 E2

Además de crear joyas para el papa y toda clase de celebridades, el maestro joyero Paolo Penko ofrece preciosos colgantes y reproducciones de florines de oro a precios sorprendentemente razonables. *9.30-13.30 y 15.30-19.15 ma-sa*

LGR

48 B5

La tienda de Luca Gnecchi Ruscone es tan *cool* como su marca de gafas hechas a mano. Sus monturas están inspiradas en los modelos que su abuelo vendía en los años cuarenta en su tienda en Asmara (Eritrea). *10.00-14.00 y 15.00-19.00*

Comida y vino

Pegna

49 E3

Quesos y embutidos *gourmet*, chocolates, galletas, dentífrico de canela, pasta artesanal Martelli... Hay de todo en esta preciosa charcutería y colmado de 1860. *10.00-19.30 lu-sa, 11.00-19.00 do*

Forno di Antonio Mattei

50 B5

Pocos regalos harán quedar mejor al viajero que un tentador paquete de *cantucci* de Prato. *15.00-19.00 lu, 10.00-19.00 ma-do*

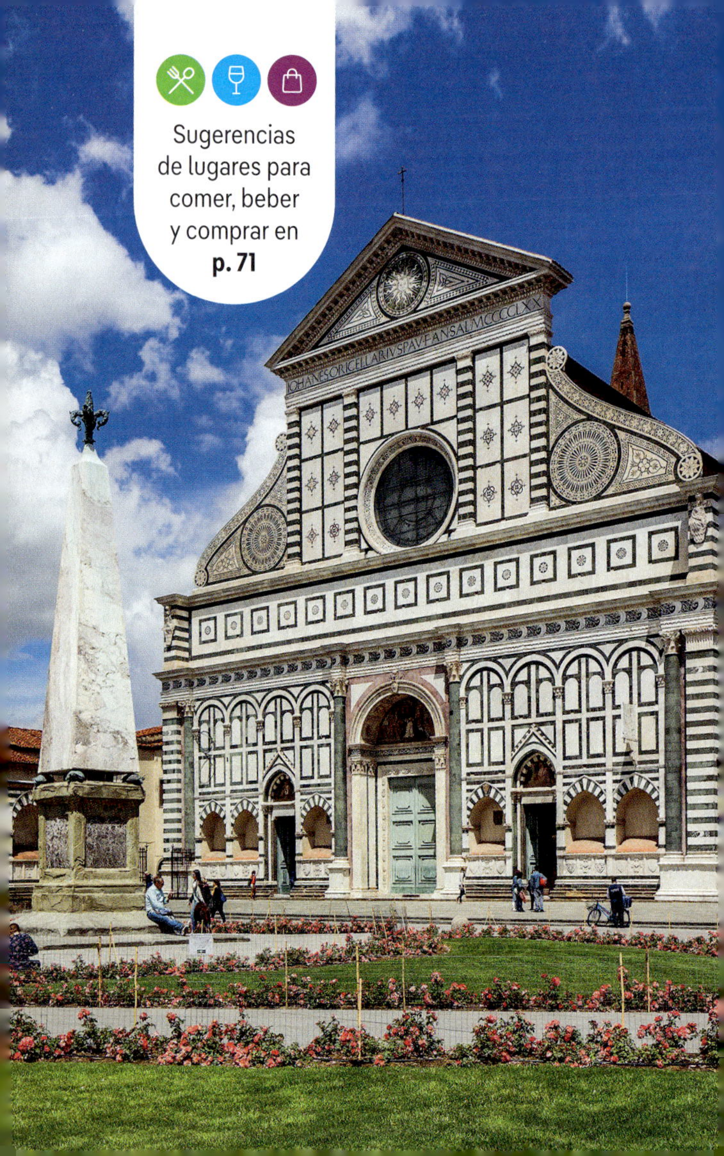

Sugerencias de lugares para comer, beber y comprar en **p. 71**

Explora Santa Maria Novella

Desplegada alrededor de la estación de ferrocarriles diseñada por el arquitecto Giovanni Michelucci en la década de 1930, Santa Maria Novella es el principal núcleo de transporte del centro de Florencia. Para muchos visitantes, este barrio es el primer punto de contacto con la ciudad; para nada un mal lugar por dónde empezar. Aquí se localiza una de las iglesias medievales más impresionantes de la ciudad, callejas salpicadas de anticuarios y talleres de esculturas y un toque de arte callejero que imprime color a uno de sus barrios residenciales cada vez más internacionales. Además, la cultura contemporánea prospera: en los aledaños de grandes hoteles e instituciones como el Museo Novecento o el Museo Marino Marini surgen librerías independientes, panaderías y cafés que no pierden autenticidad pese al flujo turístico.

Cómo desplazarse

Tren

A un corto paseo del mercado de San Lorenzo y del Duomo, de la céntrica estación de Santa Maria Novella (SMN) salen trenes regionales y de alta velocidad.

Tranvía

La estación de tranvía de Alamanni está justo enfrente de la de trenes, en Via Luigi Alamanni. En la calle hay una máquina de venta de billetes.

Automóvil

Si se planea hacer un viaje por carretera por la Toscana, la mayoría de las compañías de alquiler tienen oficina en Borgo Ognissanti, cerca del aparcamiento Europa.

Basilica di Santa Maria Novella (p. 66).

ATLANTIDE PHOTOTRAVEL/GETTY IMAGES ©

★

LO MEJOR

Explorar el arte de la **BASILICA DI SANTA MARIA NOVELLA** (p. 66).

Probar delicias locales en **FORNO BECAGLI** (p. 71).

Admirar el arte urbano en **STREET LEVELS GALLERY** (p. 69).

Descubrir esculturas contemporáneas en el **MUSEO MARINO MARINI** (p. 68).

Disfrutar de un cóctel en **MANIFATTURA** (p. 72).

CIRCUITO A PIE

El arte de Santa Maria Novella

Transitadas vías seccionan plácidas callejas empedradas en Santa Maria Novella, un barrio en el que se funden arte contemporáneo y renacentista, diseño exclusivo y tiendas de segunda mano, vistas del Arno y bares de vinos. Desde Piazza Santa Maria Novella se revelan al viajero los contrastes de un rincón de la ciudad en el que glamur y cotidianeidad van de la mano.

INICIO	FINAL	DURACIÓN
Piazza Santa Maria Novella	Piazza Santa Maria Novella	2,8 km; 2 h

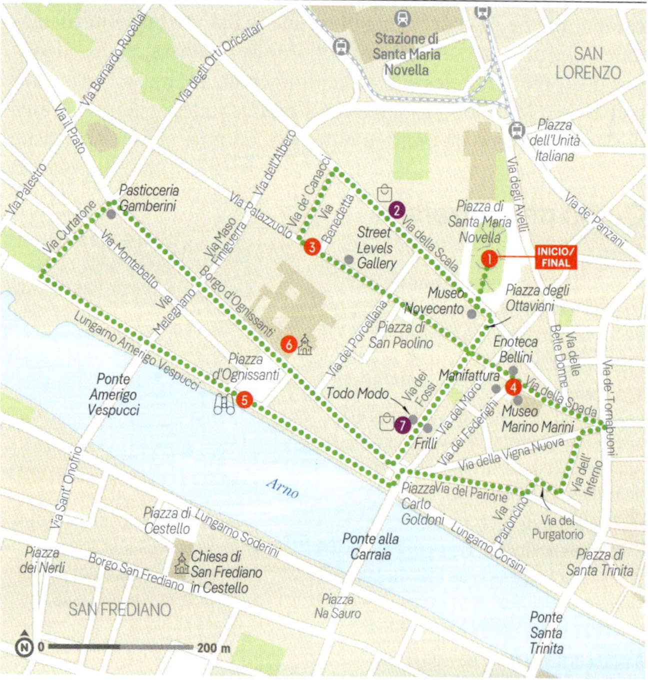

1 El corazón de Santa Maria Novella

Se sale de **Piazza Santa Maria Novella,** rodeada de edificios históricos. Frente a la Basilica di Santa Maria Novella se observa la *loggia* del antiguo hospital San Paolo, creado en el s. XIV como albergue de peregrinos y hoy sede del Museo Novecento (p. 68).

2 Brebajes medievales

Siguiendo Via della Scala se llega a la **Officina Profumo Farmaceutica di Santa Maria Novella** (p. 73), la farmacia más antigua de Florencia, cuyas raíces se remontan al s. XIII, cuando los monjes dominicos elaboraban pócimas con las hierbas del jardín del monasterio. La tienda actual, abierta en 1612, vende fragancias artesanas desde entonces.

3 Nuevo arte callejero

Se cruza hacia Via Palazzuolo, donde está la **Street Levels Gallery** (p. 69), única galería florentina especializada en arte urbano. En el 2023 trajo a una docena de artistas de todo el mundo para pintar las persianas de los locales de Via Palazzuolo, creando así un museo al aire libre que pretende superar la mala reputación histórica de esta calle.

4 Vino, 'grappa' o caballos de bronce

Tanto si se busca arte más contemporáneo o un lugar para hacer una pausa tomándose algo, **Piazza San Pancrazio** es ideal como parada siguiente. Aquí están el Museo Marino Marini (p. 68), que exhibe las esculturas ecuestres de este artista del s. XX natural de Pistoia, y tentadores bares como Enoteca Bellini (p. 72) o Manifattura (p. 72), que sirven vino y cócteles, respectivamente.

5 Paseo ribereño

Se sigue por Via della Vigna Nuova, la principal vía comercial de la zona, y tras pasar por Piazza Goldoni, se pasea por el **Arno,** con vistas de la cúpula de la Chiesa di San Frediano in Cestello.

6 Bajo el crucifijo de Giotto

Al ver la estatua de Giuseppe Garibaldi junto a la Villa Favard, sede de la escuela de moda Polimoda, se tuerce a la derecha. Se para a tomar un café y un dulce en **Pasticceria Gamberini** (p. 71), en la esquina de Via Curtatone con Borgo Ognissanti y, a continuación, se entra en la **Chiesa di Ognissanti,** con la tumba de Sandro Botticelli y uno de los singulares crucifijos de Giotto.

7 Libros, antigüedades y objetos 'vintage'

Escondido en Via dei Fossi se encuentra el patio del **Palazzo Fossombroni,** que alberga un par de tiendas *vintage* muy recomendables. Para hacer un alto literario, visítese la librería Todo Modo (p. 72). De regreso a Piazza Santa Maria Novella aguardan galerías históricas, tiendas de antigüedades y casas de arte, como Galleria Frilli (p. 73), **Bacarelli** y **Bruschi.**

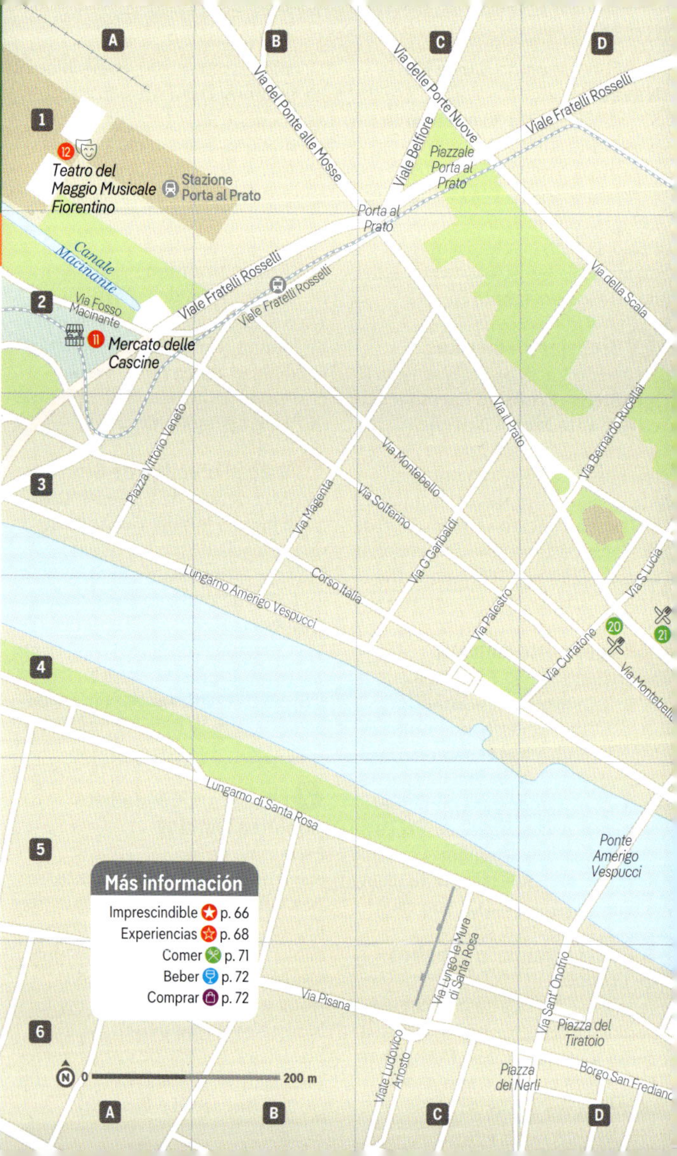
A
B
C
D
1
2
3
4
5
6
12
Teatro del Maggio Musicale Fiorentino
Stazione Porta al Prato
Canale Macinante
Via Fosso Macinante
11
Mercato delle Cascine
Viale Fratelli Rosselli
Via del Ponte alle Mosse
Via delle Porte Nuove
Viale Belfiore
Piazzale Porta al Prato
Porta al Prato
Via della Scala
Via il Prato
Via Bernardo Rucellai
Piazza Vittorio Veneto
Via Magenta
Via Solferino
Via Montebello
Via G Garibaldi
Via Palestro
Corso Italia
Lungarno Amerigo Vespucci
Via S Lucia
20
21
Via Curtatone
Lungarno di Santa Rosa
Ponte Amerigo Vespucci
Más información
Imprescindible p. 66
Experiencias p. 68
Comer p. 71
Beber p. 72
Comprar p. 72
Via Pisana
Via Lungo le Mura di Santa Rosa
Via Sant' Onofrio
Piazza del Tiratoio
Viale Ludovico Ariosto
Piazza dei Nerli
Borgo San Frediano
N
0
200 m

E
F
G
H
1
2
3
4
5
6
Fortezza de Basso
Piazza del Crocifisso
Via Guelfa
Via Valfonda
Giardino di Valfonda
Via Faenza
Via B Cennini
Via Luigi Alamanni
Via Jacoppo da Diacceto
Piazza Adua
Via Fiume
Via Nazionale
Stazione di Santa Maria Novella
SAN LORENZO
Via Orti Oricellari
Piazza della Stazione
Largo Fratelli Alinari
Via Santa Caterina da Siena
Via Sant'Antonino
Basilica di Santa Maria Novella
Piazza dell'Unità Italiana
Via del Melarancio
Via dell'Albero
Via degli Avelli
Via del Giglio
Via Palazzuolo
Via de' Canacci
Via Benedetta
Via della Scala
Via de' Panzani
Piazza di Santa Maria Novella
Via de' Banchi
Via Maso Finiguerra
Street Levels Gallery
Museo Novecento
Via de' Rondinelli
Borgo d'Ognissanti
Piazza di San Paolino
Via del Trabbio
Via degli Antinori
Via degli Agli
Chiesa di Ognissanti
Via del Porcellana
HZERO
Via delle Belle Donne
Via de' Giacomini
Via de'Corsi
Piazza degli Ottaviani
Piazza San Pancrazio
Via del Sole
Piazza d'Ognissanti
Via dei Fossi
Via del Moro
Via della Spada
Via de' Tornabuoni
Museo Marino Marini
Via degli Strozzi
Lungarno Amerigo Vespucci
Via dei Federighi
Via dei Palchetti
Via dell'Inferno
Arno
Via della Vigna Nuova
Piazza Carlo Goldoni
Via del Purgatorio
Piazza di Santa Trinita
Collezione Casamonti
Via del Parione
Ponte alla Carraia
Lungarno Corsini
Via Parioncino
Basilica di Santa Trinità
Lungarno Soderini
Colonna della Giustizia
SAN FREDIANO
Piazza N Sauro

★ IMPRESCINDIBLE

Basilica di Santa Maria Novella

Fundada por monjes dominicos a finales del s. XIII, la Basilica di Santa Maria Novella es una de las estructuras religiosas más preciadas de la ciudad, emplazada junto a la concurrida estación central, con una asombrosa mezcla de la arquitectura gótica y renacentista.

PLANO: P. 65 **G3**

CONSEJO
El horario normal (9.00-17.30) se reduce los viernes (11.00-17.30) y domingos (13.00-17.30). Las entradas pueden comprarse en línea; no es preciso reservar.

Escanea este código QR para precios, horarios y demás.

Fachada

La inscripción de 15 m visible bajo el **tímpano** de la basílica rinde homenaje a Giovanni Rucellai, influyente mercader que, en la década de 1450, encargó al arquitecto renacentista Leon Battista Alberti la obra de su simétrica sección frontal. Alberti la construyó sobre la existente sección inferior gótica, compuesta por tres pórticos y seis nichos, añadiendo una armoniosa composición realizada con cuadrados, rectángulos y triángulos bicromáticos, y círculos típicos del estilo románico florentino. En la entrada principal destaca un marco de mármol rojo, y, en lo alto del templo, el sol símbolo de los dominicos.

En la parte posterior de la basílica destacan dos instrumentos astronómicos: un cuadrante con relojes de sol y una esfera armilar de bronce usada para calcular el equinoccio de primavera, ambos añadidos a la fachada de Alberti entre 1572 y 1575 por el cosmógrafo dominico Egnazio Danti (1536-1586).

Grandes maestros

Cerniéndose sobre la nave principal se observa la preciada cruz atribuida a Giotto, cuyo realista Cristo al parecer lo pintó el maestro gótico entre 1288 y 1289. En el lado izquierdo del templo se halla el fresco de la *Trinità* (*Trinidad;* 1425-1426) de Masaccio, una de las primeras pinturas renacentistas en adoptar la técnica de la perspectiva.

JUAN CARLOS FOTOGRAFIA/GETTY IMAGES ©

Capillas monumentales

Los frescos de Ghirlandaio de la **capilla** principal de la basílica presentan escenas de la vida de la Virgen María, adaptadas para incluir retratos de la familia Tornabuoni, quien encargó la obra en 1485. En el transepto derecho se aprecia la capilla de Filippo Strozzi, obra de Filippino Lippi; es uno de los ciclos de frescos más notables de la iglesia.

Chiostro Verde

Así llamado por el tono utilizado como base de los frescos, el **claustro Verde** (1332-1350), engalanado con frescos de Paolo Uccello, conduce al espectacular Cappellone degli Spagnoli, cuyo nombre se debe a la congregación española que trabajó aquí en el s. XVI.

UNA PAUSA

La repostería y el *gelato* de **Caffè Cortese 900** (p. 71), al otro lado de la plaza desde la basílica, se elaboran íntegramente con ingredientes crudos. Muy recomendables sus dulces a base de frutos secos.

EXPERIENCIAS

Ver arte del s. xx en el Museo Novecento MUSEO

PLANO: 1 P. 65 **G4**

Detrás de la *loggia* diseñada por Michelozzo y adornada con cerámica de Andrea della Robbia, aguarda el **Museo Novecento,** cuyas muestras giran en torno a algunos de los nombres que han dejado huella en la escena italiana del arte contemporáneo, entre otros Giorgio De Chirico, Gino Severini, Giorgio Morandi y Renato Guttuso.

Casi todas las obras fueron adquiridas tras las enormes inundaciones de 1966, cuando un particular donó su colección pictórica a la ciudad para compensar los daños producidos tras desbordarse el Arno.

La exposición permanente es solo parte de la experiencia: el Museo Novecento es una institución muy activa, con una amplia agenda de espectáculos temporales durante todo el año.

La programación puede consultarse en museonovecento.it; las visitas guiadas se reservan a través de MUS.E (musefirenze.it).

Descubrir las extravagantes esculturas de Marino Marini MUSEO

PLANO: 2 P. 65 **G5**

A un paso de Piazza Santa Maria Novella, alojado en una iglesia del s. XIV, el **Museo Marino Marini** exhibe más de 180 estatuas, dibujos y grabados del conocido artista contemporáneo toscano que le da nombre, además de la impresionante Cappella Rucellai, que contiene el monumento funerario realizado en mármol, en 1457, por Leon Battista Alberti para Giovanni Rucellai, uno de los comerciantes más ricos de la Florencia del s. XV.

Conocer a Botticelli en la Chiesa di Ognissanti IGLESIA

PLANO: 3 P. 65 **E5**

Encarada a una plaza bordeada de hoteles de lujo y el consulado francés, la **Chiesa di Ognissanti** conjuga la arquitectura del barrio con su fachada barroca de travertino. Y, pese a no ser una de las iglesias más visitadas de la ciudad, custodia varias piezas excepcionales, incluidos una cruz de 1315 –situada en el lado izquierdo del altar– atribuida a Giotto y el fresco de la Virgen de la Misericordia de Ghirlandaio (1467), que adorna la capilla Vespucci, llamada así por la familia que patrocinó muchas de las obras que aquí se encuentran. Entre sus miembros más reputados figuran Amerigo (Américo en español) Vespucio, el navegante florentino que dio nombre al continente americano, y Simonetta, musa de Botticelli, quien al parecer inspiró tanto *El nacimiento de Venus* como *La primavera*. Si bien muchas voces lo niegan, la conexión de Botticelli con la iglesia de los Vespucci es innegable: dentro se hallan tanto su fresco *San Agustín en su gabinete* (1480) como su sepulcro, junto al de Simonetta.

Adentrarse en el mundo de miniatura del HZERO MUSEO

PLANO: 4 P. 65 **G5**

Esta reciente incorporación a la oferta museística local no podría estar en un lugar más apropiado.

La sorprendente exposición del museo **HZERO,** instalado en un antiguo cine, presenta un ferrocarril diminuto en comparación con los trenes actuales, pero enorme frente a la mayoría de las versiones en miniatura. Con una superficie de 280 m², el proyecto fue ideado por el emprendedor siciliano Giuseppe di San Giuliano, quien dedicó 40 años a construir el fascinante hogar de sus coquetos trenes.

Pese a ser especialmente indicado para niños, a los adultos les encanta el detallismo de los paisajes artificiales que conforman este insólito reclamo.

Tomarse un 'aperitivo' con vistas BARES DE AZOTEA

PLANO: 5 P. 65 **E5**

Los cócteles con vistas siempre saben mejor. En **SE·STO on Arno** se puede saborear un magnífico trago viendo el sol ponerse tras la iglesia de San Frediano y las colinas de Oltrarno. El bar y restaurante está en la planta superior del Westin Excelsior Hotel, en Piazza Ognissanti. Y, al ocupar un espacio acristalado es ideal en cualquier época del año; se recomienda reservar los fines de semana. Otra propuesta muy codiciada es **The Social Hub** (PLANO 6 P. 65 **H1**), en Viale Spartaco Lavagnini. Basta tomar el ascensor al 6º piso, pedir uno de sus cócteles de temporada y sucumbir a las vistas del Duomo, que asoma majestuoso detrás de la piscina de la azotea.

Sumergirse en el arte urbano local GALERÍA DE ARTE

PLANO: 7 P. 65 **F4**

Con énfasis en los artistas locales, la **Street Levels Gallery** es el único espacio de Florencia consagrado al arte urbano: una angosta galería ubicada en Via Palazzuolo donde se exponen obras de artistas callejeros florentinos como, p. ej.,

MODA Y ARTESANÍA EN LA FORTEZZA DA BASSO

A pocos metros de la estación de Santa Maria Novella se alza la **Fortezza da Basso:** un descomunal complejo fortificado de más de 80 000 m², construido como estructura defensiva entre 1534 y 1537, y hoy considerado el centro de exposiciones más importante de la ciudad. El **Pitti Uomo,** celebrado anualmente en enero y junio, es una de las citas de moda masculina más importantes del país. A la ciudad llegan entendidos y entusiastas de todo el mundo y las fiestas exclusivas se suceden por doquier. La **Mostra Internazionale dell'Artigianato** (MIDA), la primera feria de Italia en torno a la artesanía, reúne a más de 400 profesionales durante una semana a finales de abril.

Clet (p. 118), de fama mundial por sus irónicos letreros, además de Ache77, Exit Enter y muchos otros. Además de servir de plataforma del arte asociado al hormigón, Street Levels organiza numerosas iniciativas de arte público en Florencia y alrededores. Más detalles en streetlevelsgallery.com.

Descifrar la Piazza Santa Trinità

PLAZA

PLANO: 8 P. 65 **H6**

Nexo entre Via Tornabuoni y el Ponte Santa Trinità, **Piazza Santa Trinità** se caracteriza por el pilar de granito conocido como la **Colonna della Giustizia** (columna de la justicia), erigida en 1554 para celebrar la victoria de Florencia sobre Siena en la batalla de Marciano. No obstante, este no es el único símbolo de la plaza: en la fachada del Palazzo Bartolini Salimbeni –hoy sede de la **Collezione Casamonti** (PLANO: 9 P. 65 **H6**)– se observarán unas flores esculpidas debajo de las ventanas; amapolas, para más señas. Cuenta la leyenda que los Bartolinis, una acaudalada familia dedicada al comercio textil, utilizaba opio para drogar a sus competidores antes de las subastas y, de este modo, comprar la lana a un precio menor. Dicha práctica les resultó tan lucrativa que la amapola pasó a ser su emblema. Frente al palacio se yergue la **Basilica di Santa Trinità** (PLANO: 10 P. 65 **H6**), del s. XIV, donde puede verse la *Anunciación* (1422) de Lorenzo Monaco sobre el altar de la capilla de la familia Bartolini Salimbeni. Atravesando la tenue nave esperan frescos de Ghirlandaio, Cimabue, Spinello Aretino y Fra Angelico.

Asistir a un concierto de música clásica

TEATRO

PLANO: 12 P. 64 **A1**

Con aforo para 1890 espectadores, el **Teatro del Maggio Musicale Fiorentino,** que reemplazó al antiguo teatro local en el 2014, alberga el festival **Maggio Musicale Fiorentino** entre abril y junio. Inspirado en las celebraciones de primavera medievales, presenta una completa programación de ópera y música clásica (maggiofiorentino.com).

UN MERCADO CON SABOR LOCAL

Aunque en la almendra central de Florencia se montan varios mercados diferentes días de la semana, ninguno supera en autenticidad al **Mercato delle Cascine** (PLANO: 11 P. 64 **A2**), que se instala los martes por la mañana en la calle que secciona el pulmón verde de la ciudad. El mercado al aire libre más grande (y barato) de la capital toscana atrae a gente de todas las edades, ávida de encontrar gangas y de adquirir productos básicos cotidianos. Frutas, hortalizas, ropa de segunda mano y menaje es todo cuanto uno encontrará en sus puestos –repartidos a lo largo de 1 km por la ribera del Arno– sin que se vea un solo *souvenir*. En activo de 8.00 a 14.00.

SUGERENCIAS

Lo mejor para...

€ Económico €€ Medio €€€ Alto

Localizaciones en el plano de la **p. 64**

Comer

'Trattorie' tradicionales

Ostaria dei Centopoveri €
13 F4
De día Centopoveri sirve menús fijos de almuerzo, que incluyen un plato de pasta, principal y copa de vino por 12-14 €. No se reserva; basta ir y esperar. *12.00-15.00 y 19.00-23.00*

Trattoria Il Contadino €
14 E4
"El granjero" es uno de los preferidos del barrio para almorzar, con menús de precio fijo (1 o 2 platos) en los que manda la carne. *12.00-15.00 y 18.30-22.30, cerrado ma*

Mattacena €€
15 H4
Un largo repertorio de clásicos toscanos conforma la carta de este asador florentino a la vuelta de la esquina de la estación. Resérvese antes. *12.00-15.00 y 19.00-23.00*

Trattoria 13 Gobbi €€
16 F5
Toda una institución de Via del Porcellana donde paladear reconfortante cocina toscana en un ambiente rústico. Triunfa con sus *rigatoni. 12.30-15.00 y 19.30-23.00*

Cenas sofisticadas

Giotto Pizzeria €€
17 H4
Regentada por el galardonado *pizzaiolo* Marco Manzi, a esta rompedora pizzería se va por sus *pizzas gourmet* regadas de buen vino. *12.00-23.30*

San Paolino €€
18 G5
Exclusivo restaurante inundado de luz natural y fronda tropical, que sirve platos mediterráneos y cócteles de autor en la planta baja del 25hours Hotel. *12.00-22.30 lu-sa, 12.30-22.30 do*

Enoteca Bruni €€€
19 F5
Sus sumilleres se prestan encantados a maridar sus dos menús degustación con alguno de sus 3000 caldos. *19.30-23.30 ma-sa*

'Espresso' y dulces

Pasticceria Gamberini €€
20 D4
Consolidada pastelería con expertos baristas y terraza al aire libre. *7.00-22.00*

Cioccolateria Ballerini €
21 D4
Chocolate artesanal, delicias de temporada y crujiente *schiacciata* en una histórica panadería situada en Borgo Ognissanti desde los años treinta. *7.30-20.00 lu-sa*

Forno Becagli €
22 E4
Los lugareños no dudan en hacer cola frente al diminuto Forno Becagli para probar su *schiacciata all'uva* (*focaccia* toscana con uvas), *pan di ramerino* (pan de romero) y demás tentaciones de temporada. *6.30-20.00 lu-sa*

Caffè Cortese 900 €€
23 G4
Helados, tartas, galletas y pralinés veganos sin lácteos, helado de leche de anacardo y capuchinos con leche de almendra. *11.00-19.00, cerrado ju*

Beber

Enotecas y cerveza artesana

La Boite

24 F4

Agradable bar de barrio que atrae a una clientela local durante el *aperitivo* con su asequible selección de vinos y un par de cervezas artesanas de barril. *16.00-24.00*

Enoteca Bellini

25 G5

Vivaz enoteca en Via della Spada con una pizarra donde anuncian su cambiante repertorio de vinos y *bruschette*. *17.00-23.00 ma-do*

The Joshua Tree Pub

26 F4

Histórico *pub* de toda la vida, a tiro de piedra de la estación, con una parroquia local e internacional entregada a su docena de cervezas artesanas de barril. *12.00-2.00*

Coctelerías y bares de azotea

Manifattura

27 G5

El clásico margarita no tiene cabida en esta tenue coctelería donde los tragos se preparan con bebidas italianas. *18.00-2.00 ma-do*

The Arts Inn

28 F4

Una larga lista de elaborados cócteles tienta en este acogedor y entrañable bar instalado en el antiguo taller de un artista. *18.30-24.00 ma-ju, hasta 1.00 vi-do, cerrado lu*

Giacosa 1815

29 H5

Elegante nueva incorporación que rinde tributo al Caffè Giacosa original, donde el conde Cammillo Negroni inventó el *negroni*. *8.00-23.00 lu-ju y do, 8.00-1.00 vi y sa*

The Social Hub Rooftop Bar

véase 6 H1

Frente a la Fortezza da Basso se halla el antiguo Student Hotel y su renovado Rooftop Bar, cuyas creativas bebidas se acompañan de vistas espectaculares del Duomo. *18.00-23.00*

SE·STO on Arno

véase 5 E5

Instalado en una moderna estructura acristalada en lo alto del Westin Excelsior Hotel, el SE·STO regala vistas de la ciudad al ocaso. *12.00-1.00*

Bares de copas

Space Club

30 F4

Nacida en 1969 como un espacio de arte, la discoteca más grande del centro atrae a jóvenes fiesteros que cada fin de semana vibran a ritmo de *house*. *Horario variable*

Comprar

Literatura y cuadernos artesanales

Arte e Libri

31 G5

Singular librería en Via dei Fossi, con más de 15000 publicaciones de arte, raras y antiguas, en italiano, inglés y francés, más colecciones visuales de gran formato que no se consiguen en ningún otro sitio. *9.30-13.00 y 15.00-19.00*

Todo Modo

32 F5

Librería con un café oculto al fondo donde disfrutar de la lectura, el vino y los *testaroli al pesto*. Cada tanto organizan veladas de relatos en inglés. *10.00-19.30 lu-sa, 11.00-19.00 do*

Riccardo Luci Marbled Paper

33 G6

Quienes se pregunten qué es el papel marmolado solo tienen que entrar en esta tienda para descubrirlo de la mano de Riccardo Luci, cuyas libretas y billeteras de papel estampado se fabrican mediante técnicas tradicionales de marmolado o jaspeado. Organizan talleres. *10.00-19.30 lu-sa*

Hallazgos 'vintage' y de segunda mano

Mercato di Piazza d'Ognissanti

34 F5

El segundo sábado de mes se monta en Piazza d'Ognissanti un mercadito de artículos *vintage* donde encontrar chaquetas antiguas, decoración y libros. *9.00-19.00*

Cortile Fossombroni

35 G5

El patio del Palazzo Fossombroni depara tiendas *vintage*, anticuarios y talleres. La Corte tiene moda *vintage*, y Grevi, sombreros. *Horario variable*

Tartan Vintage

36 E5

Cientos de artículos de los años sesenta y setenta conforman su atemporal selección cortesía de sus dueños. *11.00-19.00 lu-sa*

Sleeve Records

37 H4

DJ y amantes de los vinilos ahorrarán tiempo buscando tesoros entre su selección cuidadosamente escogida de discos *indie* y de segunda mano. *10.30-19.30 lu-sa*

Antigüedades, cerámica y perfumes

Officina Profumo Farmaceutica di Santa Maria Novella

38 F4

La que se anuncia como la farmacia más antigua del mundo hunde sus orígenes en el Medievo, cuando los dominicos empezaron a hacer pociones mágicas. *9.30-20.00*

Galleria Frilli

39 G5

Quienes busquen algo para decorar un jardín renacentista solo tienen que visitar este taller al estilo de un museo de 1860, lleno de réplicas de estatuas neoclásicas famosas. *10.00-13.00 y 14.00-19.00 lu-vi, 10.00-14.00 sa, cerrado do*

Giotti Ceramiche

40 F5

Este *showroom* en Borgo Ognissanti presenta la obra de los Giotti, una familia que lleva más de un siglo haciendo coloridas vajillas a medida. *9.00-12.30 y 13.30-19.00 lu-sa*

Diseño contemporáneo y artículos modernos de piel

Il Bisonte

41 G6

Por más que su bisonte de tamaño natural sea el centro de todas las miradas, las verdaderas estrellas en Il Bisonte son sus artículos de piel. *10.30-19.00 lu-sa, 10.30-18.30 do*

Benheart

42 G6

Aunque parezca el viejo taller de un artesano, los diseños de Benhart son contemporáneos a más no poder. Sus zapatos, cinturones y chaquetas de piel, hechos a mano, pueden personalizarse. *10.30-20.00*

Mio Concept

43 H5

El arte urbano contemporáneo italiano sirve de inspiración para la colección de Mio, cuyos artículos y accesorios de diseño son únicos. *11.00-13.30 y 15.00-19.00 ma-sa*

Sugerencias de lugares para comer, beber y comprar en **p. 87**

Explora
San Lorenzo y San Marco

La población universitaria anima el tradicionalmente tranquilo barrio de San Marco: una zona tachonada de residencias prestigiosas, jardines inmaculados y hoteles de categoría, que es, además, sede del rectorado de la Universidad de Florencia, el Instituto Geográfico Militar y muchas otras instituciones culturales y científicas. En San Lorenzo, sin embargo, la gente se apretuja por las callejas que salen del principal mercado de la ciudad, en busca de un –cada vez menos habitual– auténtico artículo de piel para toda la vida. En San Lorenzo comienza también el viaje al legado de la dinastía que gobernó la ciudad durante casi tres siglos: aquí se hallan la primera residencia florentina de los Medici, su iglesia y su mausoleo. Pero, por encima de todo, destaca el *David* de Miguel Ángel.

Cómo desplazarse

A pie

La única forma de recorrer los aledaños del mercado de San Lorenzo es caminando, al menos durante el día. Por el resto del barrio hay servicio de bicis compartidas, pero las multitudes impiden ir rápido.

Tranvía

El tranvía T1 efectúa parada en la estación de trenes de Santa Maria Novella y en Fortezza, ambos a un paso de San Lorenzo.

Autobús

Muchas rutas paran en San Marco y en Piazza della Libertà. El nº 14, p. ej., va al este hacia Santa Croce (y más allá) y el 23A, a San Niccolò.

Mercado, San Lorenzo.

★

LO MEJOR

Maravillarse ante iconos renacentistas en la **GALLERIA DELL'ACCADEMIA** (p. 80).

Degustar comida tradicional en el **MERCATO CENTRALE** (p. 82).

Descubrir los sepulcros ostentosos de la **CAPPELLE MEDICEE** (p. 83).

Catar vinos en **FRATELLI ZANOBINI** (p. 82).

Explorar el arte sacro del **MUSEO DI SAN MARCO** (p. 84).

CIRCUITO A PIE

San Lorenzo y San Marco

Una serie de maravillas artísticas ocultas definen el paisaje urbano de estos dos barrios. Este itinerario conecta las principales plazas pasando por rincones apenas conocidos del norte de Florencia en busca de sorprendentes obras renacentistas, sin olvidarse de parar a tomar un vino entre visita y visita.

INICIO	FINAL	DURACIÓN
Piazza San Marco	Cenacolo di Sant'Apollonia	2,75 km; 2-3 h

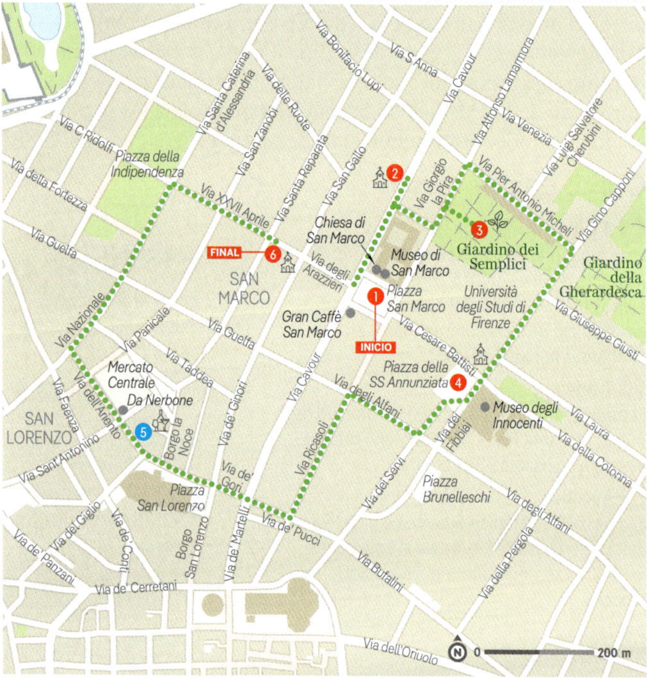

1 Desayuno en San Marco

Desde el monumento al general Manfredo Fanti, en **Piazza San Marco,** se pone rumbo al **Gran Caffè San Marco,** donde se toma un capuchino antes de visitar la Chiesa di San Marco (p. 84) y el Museo di San Marco (p. 84). Se sigue por Via Cavour.

2 Claustro escondido

Se pasa junto a la clausurada **Antica Farmacia di San Marco,** en Via Giacomo Carissimi, fundada por Cosme el Viejo en el s. XV y, en tiempos, perteneciente al complejo monástico de San Marco. Después se entra en el **Chiostro dello Scalzo** (gratis, cierra 13.45) para admirar los murales pintados en grisalla (técnica pictórica que utiliza una paleta monocromática) por Andrea del Sarto y Francesco di Cristofano, miembros de la cofradía de los *scalzi* (descalzos), creada en el s. XIV.

3 Historia botánica

Tras desandar el camino, se toma la calle de la izquierda hacia el **Giardino dei Semplici,** un remanso de paz fundado en el centro de la ciudad por los Medici en 1545, con un invernadero rodeado de más de 200 especies de plantas donde aún se cultivan plantas medicinales y cítricos.

4 Enjambre de abejas

Se camina junto a los edificios universitarios de Via Gino Capponi hacia **Piazza Santissima Annunziata,** premiada con una fascinante iglesia barroca y el Museo degli Innocenti (p. 86). En medio de la plaza se observa la estatua ecuestre del duque Fernando I de Medici; y en la parte posterior de su pedestal, un enjambre de abejas grabado (se dice que tendrán buena suerte quienes sean capaces de contarlas desde cierta distancia).

5 Un sorbo de Chianti y un bocado de 'lampredotto'

Para el *aperitivo* no hay como acercarse a tomar un vino por poco dinero en la Casa del Vino, oculta detrás de uno de los puestos de artículos de piel del mercado de San Lorenzo. Una vez despertado el apetito, se entra en el Mercato Centrale (p. 82) y se pide un bocadillo de *lampredotto* en **Da Nerbone,** que lleva más de un siglo abierto.

6 La última cena antes de cenar

En Via Nazionale se ve el *Tabernacolo delle Fonticine* (s. XVI), de Girolamo y Giovanni della Robbia. Girando a la derecha en Piazza Indipendenza se encuentra el **Cenacolo di Sant'Apollonia,** un refectorio de 1450 que en su día formaba parte de un monasterio benedictino conocido por su fresco de *La Última Cena* pintado por Andrea del Castagno. Desde allí se llega en pocos minutos al punto de inicio.

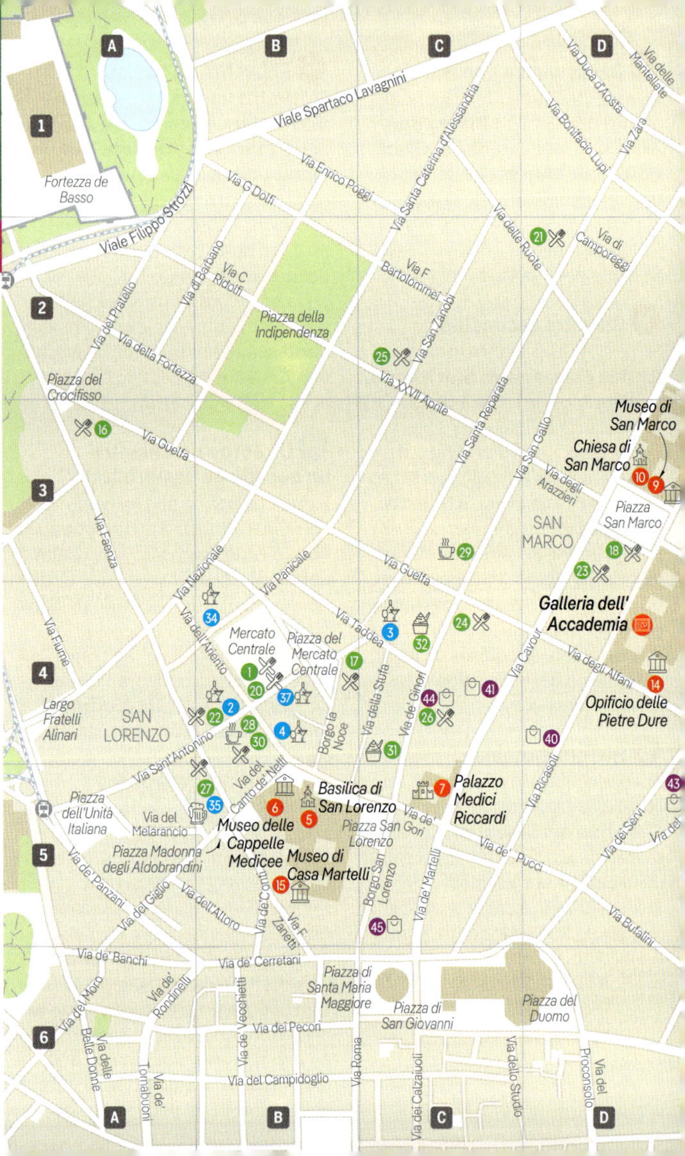
A
B
C
D
1
2
3
4
5
6
Fortezza de Basso
Viale Spartaco Lavagnini
Viale Filippo Strozzi
Via Enrico Poggi
Via G Dolfi
Via Santa Caterina d'Alessandria
Via Duca d'Aosta
Via delle Mantellate
Via Bonifacio Lupi
Via Zara
Via delle Ruote
Via di Camporeggi
Via F Bartolommei
Via C Ridolfi
Via di Barbano
Via del Pratello
Piazza della Indipendenza
Via San Zanobi
Via della Fortezza
Via XXVII Aprile
Piazza del Crocifisso
Via Guelfa
Via Santa Reparata
Via San Gallo
Museo di San Marco
Chiesa di San Marco
Via degli Arazzieri
Piazza San Marco
SAN MARCO
Via Faenza
Via Nazionale
Via Panicale
Galleria dell' Accademia
Via Fiume
Via dell'Ariento
Mercato Centrale
Piazza del Mercato Centrale
Via Taddea
Via Cavour
Via degli Alfani
Opificio delle Pietre Dure
Largo Fratelli Alinari
SAN LORENZO
Via della Stufa
Via de' Ginori
Borgo la Noce
Via Ricasoli
Via Sant'Antonino
Via del Canto de' Nelli
Basilica di San Lorenzo
Palazzo Medici Riccardi
Piazza dell'Unità Italiana
Via del Melarancio
Museo delle Cappelle Medicee
Piazza San Lorenzo
Via de' Gori
Via de' Pucci
Via dei Servi
Via del
Piazza Madonna degli Aldobrandini
Museo di Casa Martelli
Via de' Panzani
Via del Giglio
Via dell'Alloro
Via de' Conti
Via F Zanetti
Borgo San Lorenzo
Via de' Martelli
Via Bufalini
Via de' Banchi
Via de' Cerretani
Piazza di Santa Maria Maggiore
Via del Moro
Via de' Rondinelli
Via de' Vecchietti
Piazza di San Giovanni
Piazza del Duomo
Via dei Pecori
Via delle Belle Donne
Via de' Tornabuoni
Via del Campidoglio
Via Roma
Via dei Calzaiuoli
Via dello Studio
Via del Proconsolo
1 2 3 4 5 6 7 9 10 14 15 16 17 18 20 21 22 23 24 25 26 27 28 29 30 31 32 34 35 37 40 41 43 44 45

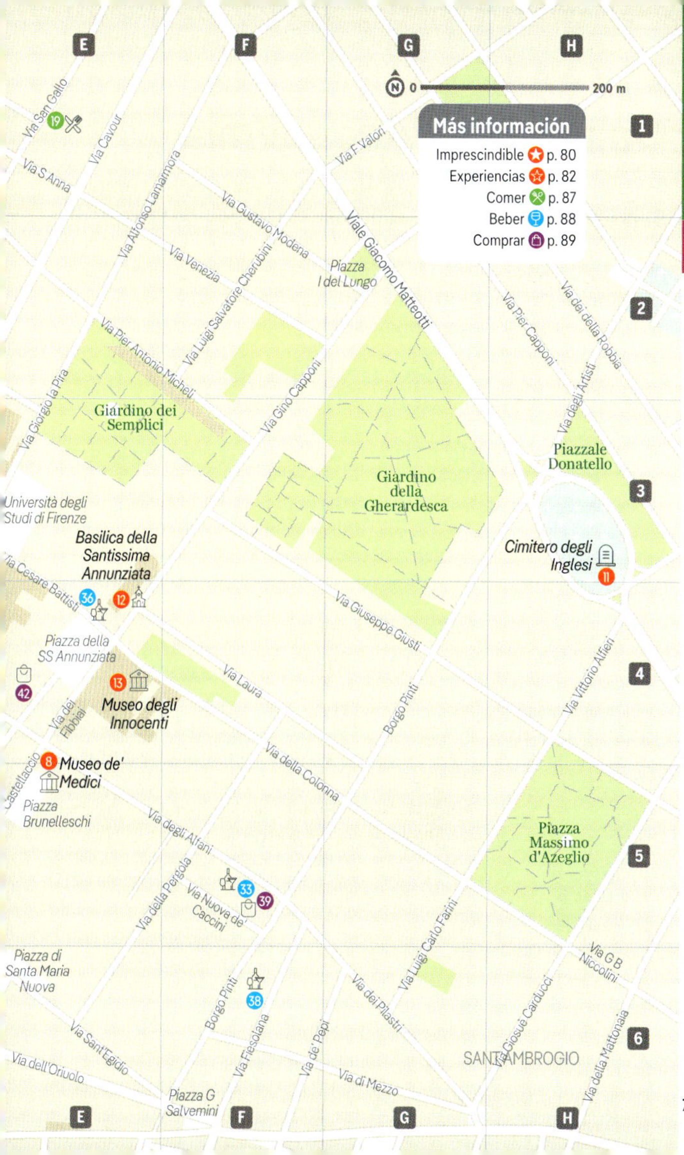

E
F
G
H
0
200 m
Más información
Impresindible p. 80
Experiencias p. 82
Comer p. 87
Beber p. 88
Comprar p. 89
1
2
3
4
5
6
Via San Gallo
19
Via Cavour
Via S Anna
Via Alfonso Lamarmora
Via Gustavo Modena
Via F Valori
Viale Giacomo Matteotti
Via Venezia
Via Luigi Salvatore Cherubini
Piazza I del Lungo
Via Pier Capponi
Via dei della Robbia
Via Pier Antonio Micheli
Via Giorgio la Pira
Giardino dei Semplici
Via Gino Capponi
Via degli Artisti
Piazzale Donatello
Giardino della Gherardesca
Università degli Studi di Firenze
Basilica della Santissima Annunziata
Cimitero degli Inglesi
11
Via Cesare Battisti
36
12
Via Giuseppe Giusti
Piazza della SS Annunziata
Via Laura
Via Vittorio Alfieri
Borgo Pinti
42
13
Museo degli Innocenti
Via dei Fibbiai
8
Museo de' Medici
Castellaccio
Via della Colonna
Piazza Brunelleschi
Via degli Alfani
Piazza Massimo d'Azeglio
Via della Pergola
Via Nuova de' Caccini
33
39
Via Luigi Carlo Farini
Via G B Niccolini
Piazza di Santa Maria Nuova
Via dei Pilastri
Borgo Pinti
38
Via Giosuè Carducci
Via Sant'Egidio
Via Fiesolana
Via de' Pepi
SANT'AMBROGIO
Via della Mattonaia
Via dell'Oriuolo
Via di Mezzo
Piazza G Salvemini
EXPLORA
SAN LORENZO Y SAN MARCO

★ IMPRESCINDIBLE

Galleria dell'Accademia

Situarse bajo el *David*, la escultura más universal de Miguel Ángel e icono renacentista por excelencia, es algo insuperable. Ahora bien, esta célebre galería va mucho más allá del desnudo masculino más célebre del mundo: Giambologna, Botticelli, Bartolini y Stradivari son solo algunos de los artistas presentes en este magnífico museo de escultura, pintura y música.

PLANO: P. 78 **D4**

CONSEJO
Reservar las entradas (para una franja horaria) a través de la web oficial (galleria accademiafirenze.it; gastos de reserva 4 €) y retirarlas en la oficina frente a la entrada al museo. Suele haber cola.

Escanea este código QR para precios, horarios y demás.

El 'David' de Miguel Ángel

Cincelada a partir de un único bloque de mármol de Carrara, la obra maestra de Miguel Ángel es el indiscutible foco de atención. Su impresionante tamaño (más de 5 m) está al nivel de su intrincado detallismo: las venas, el cabello y los músculos definen este clásico símbolo de belleza masculina. El artista apenas contaba 26 años cuando culminó esta colosal obra, mostrada en Piazza della Signoria en 1504.

Galleria dei Prigioni

Realizada por Miguel Ángel entre 1519 y 1534 para el papa Julio II, la escultura *Prigioni* –cuatro "esclavos" o "prisioneros"– quedó inacabada para reflejar el esfuerzo del ser humano por dejar atrás el mundo material en busca de una dimensión espiritual.

Sala del Colosso

En medio de la sala dedicada al arte de los ss. XV y XVI luce la asombrosa réplica, de 1581, del *Rapto de las sabinas* de Giambologna. Además, de sus paredes azules cuelgan obras sensacionales como *Descendimiento de la cruz* (1503-1507), de Filippino Lippi e Il Perugino, o la *Virgen con el Niño, san Juanito y dos ángeles* (1468) de Botticelli.

Gipsoteca Bartolini

Llena de diferentes versiones realizadas por el escultor decimonónico Lorenzo Bartolini, la **Gip-**

ADWO/SHUTTERSTOCK ©

soteca evoca el ambiente del taller de un artista con centenares de bustos y estatuas de figuras, tales como Brunelleschi, Maquiavelo y Elisa Bonaparte.

Sale del'200 e del'300

Un conjunto de pinturas religiosas de los ss. XIII-XIV adorna las tres salas consagradas al estilo gótico florentino adoptado por los coetáneos de Giotto. La sala central está principalmente dedicada a Pacino di Buonaguida, cuyo *Árbol de la vida* (1310-1315) representa relatos bíblicos sobre el fondo dorado en boga por entonces.

Museo degli Strumenti Musicali

Los instrumentos musicales históricos copan el ala este del museo. Accediendo por la **Sala del Colosso** se verán un *stradivarius* de 1716 y dos instrumentos fabricados por Bartolomeo Cristofori (1655-1731), inventor del fortepiano, contratado por los Medici.

UNA PAUSA

Recargar las pilas con un trozo de deliciosa *schiacciata* de la panadería **Pugi** (p. 87), en Piazza San Marco, a la vuelta de la esquina.

EXPERIENCIAS

Perderse en el mercado central

MERCADO

PLANO: 1 P. 78 **B4**

Alborotado, caótico y variopinto, el mercado de Florencia atrae a su laberíntico entramado. En la zona exterior se aglutinan vendedores de artículos de piel, ropa *vintage*, accesorios y recuerdos. Los turistas son el blanco principal del **mercado de piel,** que se extiende por Via dell'Ariento y calles aledañas; la calidad es dispar, y regatear, la norma. Allí mismo, el **Mercato Centrale,** de dos plantas, es el mayor mercado de abastos del centro. En la planta baja se venden frutas, verduras, carne y pescado desde 1874, fecha en que Giuseppe Mengoni terminó el edificio. Escaleras arriba hay una superficie de 3000 m^2 ocupada por espacios gastronómicos contemporáneos y artesanos de productos culinarios. En las mesas compartidas dispuestas alrededor de un bar central puede disfrutarse de la cocina local e internacional: *pizzas, dumplings*, hamburguesas veganas...

Ruta de enotecas

BARES DE VINOS

PLANO: 2 P. 78 **B4**

El vino es fundamental en la cultura y economía de Florencia desde al menos 1288, cuando se creó el Arte dei Vinattieri (gremio de la vinatería). Muchas *enoteche* de San Lorenzo sirven copas por apenas un par de euros. La familia propietaria de la bodega Le Lame, en el corazón de Chianti Classico, lleva la queridísima vinatería **Fratelli Zanobini,** a un paso del mercado. Ofrecen completas sesiones de catas, aunque casi todo el mundo acude a alternar. Escondido en una callejuela de San Lorenzo, **Vino Divino** (PLANO: 3 P. 78 **C4**) vende vino joven de Chianti a granel, que puede llevarse en botellas o incluso por copas. **Casa del Vino** (PLANO: 4 P. 78 **B4**), oculta tras los puestos de artículos de piel de Via dell'Ariento, es una enoteca a la vieja usanza con una amplísima oferta de caldos.

Visitar la iglesia de los Medici

IGLESIA Y MUSEO

PLANO: 5 P. 78 **B5**

Solo cabe imaginar la fachada de mármol diseñada por Miguel Ángel que debía cubrir la parte frontal de la **Basilica di San Lorenzo,** la iglesia familiar y mausoleo de los Medici construida por Filippo Brunelleschi en el emplazamiento de un templo del s. IV. El proyecto para el exterior –encargado en 1516 por el papa León X– no llegó a completarse (se exhibe una maqueta de madera en la Casa-Museo Buonarroti, p. 103), pero el edificio custodia literalmente un tesoro. El **Museo del Tesoro di San Lorenzo,** sito en la cripta, alberga valiosísimas piezas de las colecciones privadas de los Medici, el monumental sepulcro de Cosme el Viejo y una lápida en honor a Donatello, quien contribuyó a la decoración de la fascinante **Sagrestia Vecchia** de Brunelleschi. Dentro de la iglesia, el *Pulpito della Resurrezione* y el *Pulpito della Passione* son las dos últimas obras creadas por el gran escultor antes de morir en 1466. Cerrado domingos.

Maravillarse ante el monumental Museo delle Cappelle Medicee

MUSEO

PLANO: 6 P. 78 **B5**

Aunque terminara frustrándose el proyecto de Miguel Ángel para la basílica, su talento arquitectónico queda demostrado con brillantez en el **Museo delle Cappelle Medicee,** última morada de los miembros más prominentes de la poderosa familia, incluidos Cosme I, Lorenzo de Medici y su hermano Giuliano. Pese a formar parte de la basílica, el mausoleo cuenta con entrada propia (hay que sacar otra entrada y el horario es diferente). Al museo se accede por Piazza di Madonna degli Aldobrandini. Primero se ve la **Cappella dei Principi,** el salón octagonal construido a principios del s. XVII bajo la cúpula de la basílica (de 28 m de diámetro), revestida por completo de piedras semipreciosas dispuestas a modo de mosaico. Sigue la solemne **Sagrestia Nuova,** diseñada por Miguel Ángel entre 1520 y 1534, para admirar las tumbas monumentales situadas bajo arcos de mármol simétricos. La entrada es limitada; llegando temprano se evitarán las multitudes. Cerrado martes.

Recorrer la primera residencia de los Medici en Florencia

MUSEO

PLANO: 7 P. 78 **C5**

El viaje por el legado de los Medici arranca en el sublime **Palazzo Medici Riccardi.** Tras acceder por Via Cavour se entra en el **Cortile di Michelozzo,** donde el escudo de armas familiar se cierne sobre una escultura de Orfeo realizada en 1519 por Baccio Bandinelli. Cosme el Viejo encargó al célebre

LA SALA SECRETA DE MIGUEL ÁNGEL

En 1975 se descubrieron en las paredes de un almacén unos dibujos atribuidos a Miguel Ángel bajo el ábside de la nueva sacristía de las Cappelle Medicee. Según el director del museo, el gran artista se ocultó en esta habitación, en 1530, por miedo a las represalias del papa Clemente VII, miembro de la familia Medici, tras haber trabajado para el gobierno republicano durante el breve período en que los Medici fueron expulsados de la ciudad. Transcurridos 50 años del descubrimiento, se programaron visitas guiadas de esta sala secreta entre noviembre del 2023 y julio del 2024. Las entradas se agotaron de inmediato y se prevé que anuncien nuevas fechas. Más información en bargellomusei.beniculturali.it.

arquitecto Michelozzo la construcción del palacio en 1444. La escalinata del patio conduce a la cautivadora **Cappella dei Magi,** adornada con unos magistrales frescos de Benedetto Gazzoli (1459) que ilustran la tradición de los Reyes Magos. La visita continúa en la suntuosa **Galleria degli Specchi,** un añadido barroco de la familia Riccardi. Esta estancia repleta de espejos alberga el espectacular fresco *Apoteosi dei Medici* (1685) de Luca Giordano, homenaje a la duradera influencia de los Medici. Cerrado miércoles.

Ahondar en la historia en el Museo de los Medici MUSEO

PLANO: 8 P. 78 E4

La incorporación más reciente a los puntos de interés relacionados con los Medici en Florencia es este museo circular inaugurado en el 2023. El **Museo de' Medici** se ha convertido en una exposición permanente hoy instalada en la **Rotonda del Brunelleschi,** una antigua iglesia olvidada durante mucho tiempo, apodada *il castellaccio* ("el castillo feo"), encargada a Filippo Brunelleschi por el influyente gremio textil en 1434. Al entrar en la rotonda, una audioguía relata las diferentes etapas de la historia de los Medici a través de las esculturas, grabados y trajes renacentistas allí exhibidos. A pesar de que el Museo de' Medici carece de las impresionantes muestras de los grandes museos florentinos, los apasionados de la historia podrán ahondar en el pasado de la ciudad analizando piezas como la maqueta en miniatura de la batalla de Anghiari (1440), la reconstrucción holográfica de la corona ducal perdida o la réplica del cráneo de Juan Gastón de Medici, el último gran duque de la Toscana.

Admirar arte sacro en el Museo di San Marco MUSEO

Este monasterio dominico del s. xv, otrora hogar del reputado pintor Fra Angelico y el ferviente Savonarola, hoy es el valioso **Museo di San Marco** (PLANO: 9 P. 78 D3), cuyo principal reclamo son las obras del primero de los dos artistas, canonizado en 1984 por el papa Juan Pablo II. El *Descendimiento de la cruz* (1432) y el *Juicio Final* (1431), dos de sus obras maestras, honran la **Sala del Beato Angelico,** entre otros 14 óleos más realizados por el pintor y fraile dominico antes conocido como Il Beato (el bendito). Aneja al museo se encuentra la **Chiesa di San Marco** (PLANO: 10 P. 78 D3), tras cuya fachada neoclásica beis se atesoran obras de Giambologna, Fra Bartolomeo y Passignano, que pueden verse gratis en un entorno de tenue iluminación.

Pasear entre las tumbas literarias del Cimitero degli Inglesi CEMENTERIO

PLANO: 11 P. 79 H3

Pese a su engañoso nombre, el **Cimitero degli Inglesi** (cementerio

EL ESCUDO DE ARMAS DE LOS MEDICI

Un símbolo recurrente en las calles de Florencia es el escudo de armas de los Medici. Si se alza la vista, se verá por todas partes: en palacios, iglesias, monumentos y museos. El emblema familiar constaba en un principio de seis esferas rojas sobre un escudo dorado, aunque con el tiempo el número de bolas llegó a un máximo de 11. Aún se desconoce su significado, pero hay quien sostiene que representan las marcas producidas por el mítico gigante Mugello en el escudo de Averardo, un caballero Medici del s. XIV. Una teoría menos heroica sugiere que las esferas son meros *bisanti*, o doblones bizantinos, por la actividad bancaria de la familia.

de los ingleses) siempre ha sido un camposanto inclusivo, no limitado exclusivamente a ciudadanos de esa tierra. Creado a principios del s. XIX como cementerio protestante, aquí se daba sepultura a quienes no eran ni católicos ni judíos. Para entrar hay que pulsar el timbre. El espacio, cubierto de césped, está salpicado de monumentales tumbas en representación de 16 nacionalidades distintas. Entre otras personas notables aquí descansan Beatrice y Edward Claude Shakespeare, último pariente del famoso bardo, así como la respetada poeta Elizabeth Barrett Browning, quien vivió 15 años en Florencia con su marido, el también poeta Robert Browning.

Contemplar arte barroco en la Basilica della Santissima Annunziata IGLESIA

PLANO: 12 P. 79 **E4**

Fundada en 1250 por la orden de los servitas, reconstruida a mediados del s. XV y embellecida aún más en el s. XVII, la mariana **Basilica della Santissima Annunziata** es reconocida por la opulencia barroca de su interior y la rica colección de pintura manierista que contiene su antecámara. Tras cruzar la fachada porticada diseñada por Michelozzo, el arquitecto de la corte de los Medici, se topa con el **Chiostrino dei Voti,** adornado con frescos que representan escenas bíblicas creadas magistralmente por luminarias manieristas como Rosso Fiorentino, Pontormo o Andrea del Sarto. A la izquierda de la nave principal se observan las 19 lámparas votivas de plata donadas por la aristocracia y el empresariado local para la **Cappella della Santissima Annunziata,** seguido de los frescos de Andrea del Castagno y Perugino en las tenues capillas.

Descubrir el Ospedale degli Innocenti de Brunelleschi MUSEO

PLANO: 13 P. 79 **E4**

Diseñado por el excepcional Brunelleschi, este antiguo "hospital de los inocentes" –primer orfanato de Europa– fue sufragado en 1445 por el gremio local de los tejedores. Dentro, el **Museo degli Innocenti** ofrece tres exposiciones que se entrelazan: la sección histórica se centra en los hechos que han definido el hospital; los circuitos arquitectónicos desvelan los pormenores de la visión de Brunelleschi, y la galería de arte presenta obras de Botticelli, Ghirlandaio y Della Robbia, entre otros. El edificio también alberga el **Istituto degli Innocenti,** una organización sin ánimo de lucro que cumple un fin social.

Iniciarse en el arte de los 'commessi fiorentini' MUSEO

PLANO: 14 P. 78 **D4**

Ideado en el s. XVI por Fernando I de Medici como centro de fabricación de muebles hechos con piedras semipreciosas y más tarde aplicado por la dinastía de Lorena, el **Opificio delle Pietre Dure** documenta una parte menos conocida de la historia del arte de Florencia, como los orígenes del *commesso fiorentino.* A diferencia de los mosaicos clásicos, estas obras de arte se realizaban mediante la yuxtaposición de fragmentos de piedra de tamaño y color dispares para formar composiciones únicas. La evolución de esta técnica la traza el Opificio delle Pietre Dure, donde resultan particularmente impresionantes la sala dedicada a las "flores de piedra", las escenas de naturaleza muerta concebida para decorar mobiliario popular por entonces y las obras producidas en las últimas décadas del dominio Medici, cuando la moda barroca propició el desarrollo de coloridos mosaicos. Al margen del museo, el Opificio sigue funcionando como centro de investigación y taller de restauración. Cerrado domingos.

Visitar la renacentista Casa Martelli PALACIO

PLANO: 15 P. 78 **B5**

El único **hogar renacentista** habitado ininterrumpidamente por la misma familia hasta el s. XX y abierto al público, es también uno de los museos menos conocidos del centro de Florencia. Escondido detrás de una modesta fachada en Via Ferdinando Zannetti, se trata de la antigua residencia de la familia Martelli, aliados de los Medici, cuyo último heredero vivió en ella hasta 1986. Se ofrecen circuitos gratuitos los martes por la tarde y los sábados por la mañana (no hace falta reservar, solo presentarse y anotarse en una lista). Son solo en italiano, pero constituyen una magnífica oportunidad para echar un vistazo a sus habitaciones llenas de raras obras de arte y murales de trampantojo.

Lo mejor para...

Localizaciones en el plano de la **p. 78**

€ Económico €€ Medio €€€ Alto

Comer

Bocados rápidos y 'trattorie' a la vieja usanza

Mercato Centrale €
véase 1 B4
La planta baja es para los productos frescos, mientras que el 1er piso lo ocupa una zona de restauración donde, además de haber una escuela de cocina, se sirven bistecs, hamburguesas, callos, platos vegetarianos, pasta y dulces. *9.00-24.00*

Trattoria Guelfa €
16 A3
Favorito local próximo al Mercato Centrale, que ofrece completos almuerzos toscanos por menos de 15 €, con primeros y segundos que cambian a diario. *12.00-14.45 y 19.00-22.45*

Trattoria Mario €
17 B4
Auténtica cocina toscana desde 1953. No acepta reservas: hay que llegar antes de la hora de mayor afluencia para poder conseguir mesa. *12.00-15.00 lu-sa, 19.30-22.00 ju y vi, cerrado do*

Pugi €
18 D3
Entrañable panadería local que despacha porciones de *pizza* y *schiacciata* (servida al natural, con sal y romero, o rellena de deliciosos ingredientes). *7.45-19.15 lu-sa*

Antica Trattoria da Tito €€
19 E1
Histórico establecimiento que lleva más de un siglo agradando con clásicos regionales. Las paredes repletas de mensajes garabateados por antiguos clientes dan fe de su popularidad. Resérvese con antelación. *12.30-15.00 y 19.00-23.00*

Da Nerbone €
20 B4
Hay pocos sitios más tradicionales que este puesto del mercado central donde recargar pilas con un bocata de *lampredotto* o *porchetta*. 8.30-15.00 lu-sa

Il Vegetariano €
21 D2
Acogedor restaurante con una carta que cambia a diario y en la que no faltan platos vegetarianos, tartas saladas recién hechas y un buen surtido de tés. *12.30-14.30 lu, 12.30-14.30 y 19.30-22.30 ma-vi, 19.30-22.30 sa y do*

Trattoria Palle D'Oro €
22 B4
En funcionamiento desde 1860, es una magnífica apuesta para almorzar cocina toscana en San Lorenzo. *12.00-14.30 lu-sa, 19.00-22.30 vi y sa, cerrado do*

Atomic Falafel €
23 D3
Propuesta apta para veganos que ofrece un paréntesis a los sabores toscanos con ricos sándwiches de *falafel* para llevar. *11.00-21.00 ma-ju y do, hasta 21.30 vi y sa*

'Pizzas gourmet' y almuerzos con onda

SimBIOsi €€
24 C4
El ambiente entre rústico y chic y tentadoras *pizzas* al horno de leña son las

mayores bazas de este restaurante con buen café, vinos ecológicos y pastas caseras que no defraudan. *12.00-23.00*

Fuoco Matto €€
25 C2
Certera *pizza* napolitana, *bistecca alla fiorentina* y pastas caseras servidas en un sofisticado espacio cerca de Piazza dell'Indipendenza. *12.00-14.30 y 19.00-23.30*

La Ménagère €€
26 C4
El evocador interior de este café atrae a una clientela muy dada a sacar fotos, lo que no quita para que tenga una impresionante selección de cócteles que retendrá a cualquiera tras compartir en línea su florida decoración. *8.00-2.00*

Café, 'gelato' y 'cantucci'

Caffè del Verone €€
27 B5
En la 5ª planta del Ospedale degli Innocenti, es un sitio genial para tomar un *espresso* y contemplar las espectaculares vistas tras visitar el museo. *10.00-20.00*

Il Cantuccio di San Lorenzo €
28 B4
Bañadas tradicionalmente en vino dulce *vin santo*, las preciadas galletitas secas conocidas como *cantucci* se ofrecen en distintas variedades en esta panadería de Via Faenza. *9.00-19.30 lu-sa, 10.00-18.30 do*

Antica Pasticceria Sieni €
29 C3
En la vía principal del mercado se encuentra este café centenario que promete *espressos* y un amplio abanico de repostería artesanal clásica. *7.30-19.00*

Libri Liberi €
30 B4
Librería, café, teatro y espacio cultural con una apretada agenda de eventos, atrae a estudiantes ávidos de leer en su tentador jardín. *10.00-20.00 lu-sa, 15.00-20.00 do*

Forno Bruschi €
31 C4
Los *cantucci*, exquisitos cruasanes y opíparos sándwiches preparados por Ivana le han forjado un nombre en el barrio. *6.30-19.30 lu-sa*

La Gelatiera € €
32 C4
Helado artesano en Via de' Ginori, estratégicamente situado para darse un respiro tras visitar el mercado. Su carta de temporada comprende tanto bocados tradicionales como exóticos. *11.00-20.30 ma-do*

My Sugar €
véase 1 B4
Tiendecita a tiro de piedra del mercado, que sirve galardonado *gelato* y batidos a base de ingredientes ecológicos, como semillas de sésamo negro, caramelo salado y vino al chocolate. *12.30-21.30, cerrado ma*

Beber

Vino natural y cerveza artesana

Vineria Sonora
33 F5
Con dos locales en Via degli Alfani, Vineria Sonora ofrece vinos naturales elaborados por productores independientes. Perfecto para sentarse o curiosear sus vinilos mientras se disfruta de un *aperitivo*. *17.00-1.00 ma-do*

PanicAle
34 B4
Las cervezas artesanas ocupan el lugar central en este espacio con mesas desperdigadas bajo la *loggia* frente al Mercato Centrale. Soberbios cóc-

teles, además. *18.00-1.00 lu-ju, 18.00-2.00 vi y sa, 18.00-1.00 do*

Alibi

35 B5

Los temas punk que escupen los altavoces animan a probar las 26 cervezas artesanas de barril de este *pub* en Via Faenza. *16.00-1.00 lu-ju, 12.00-2.00 vi y sa, 12.00-1.00 do*

Un Caffè

36 E4

Muy del gusto de la comunidad estudiantil, este bareto de Piazza Santissima Annunziata sirve cervezas, vinos y cócteles que como mejor se disfrutan es en las escaleras de la plaza. *9.30-1.00 lu-sa*

Cócteles a altas horas

Sabor Cubano

37 B4

Una vez echan el cierre los puestos de cuero de Via Sant'Antonino, se llenan de mojitos las mesas de este bar cubano con música en vivo todos los martes. *19.00-2.00*

Rex

38 F6

En Via Fiesolana, el bar trasnochador más *cool* de Florencia se abarrota los fines de semana, cuando DJ animan el cotarro en las oscuras y estrafalarias salas que aguardan tras sus gruesas cortinas negras. *19.00-2.00*

Comprar

Cerámica, mosaicos y papel

Bottega Pendolare

39 F5

Regentada por la entusiasta artista local Viola, este taller de cerámica es para quienes buscan jarrones, tazas y macetas únicas, con mucha personalidad. *Horario variable, cerrado do*

Scarpelli Mosaici

40 D4

La familia Scarpelli lleva más de medio siglo fabricando en este taller exquisitos mosaicos mediante la antigua técnica del *commesso*. También hacen piezas por encargo. *9.30-18.00 lu-vi*

Il Papiro

41 C4

Con tres locales en Florencia, destaca por sus artículos de papelería a la vieja usanza: cuadernos decorados a mano, lacres, postales y mil y un artículos de papel. *10.30-19.00*

Bottega Montebello

42 E4

Una pared decorada con peces de colores recibe al viajero en esta pequeña galería próxima a Piazza Santissima Annunziata, donde se exhibe la obra del artista local Maurizio Bomberini. *10.00-13.30 y 15.00-19.30 lu-sa*

Ropa 'vintage' y de inspiración musical

Street Doing

43 D5

Piezas *vintage* cuidadosamente seleccionadas y organizadas por épocas llenan este local de ropa, calzado y accesorios de marca de segunda mano. *10.30-19.30 lu-sa*

Melrose Vintage

44 C4

Con una selección enorme y bien organizada de artículos *vintage*, en su mayoría de marcas estadounidenses. No hay que esperar precios de rastro. *10.00-20.00 lu-sa, 14.00-20.00 do*

Red Light Rock Shop

45 C5

Siguiendo sus luces de neón rojas se desciende a este pequeño templo metalero que lleva desde los años noventa ofreciendo camisetas de grupos y accesorios góticos. *10.00-19.15*

CIRCUITO A PIE

Un día en Fiesole

Pese a estar pegado al centro de Florencia, Fiesole parece otra ciudad. Enriscado sobre las colinas que abrazan la capital toscana, unos 9 km al noreste del casco histórico, este enclave atrae desde hace siglos a artistas y lugareños con sus excepcionales vistas y ambiente sereno. Paseando entre olivares y ruinas etruscas se descubrirá una versión distinta de Florencia.

INICIO	FINAL	DURACIÓN
Piazza Mino	Piazzale Leonardo	2,5 km; 3 h

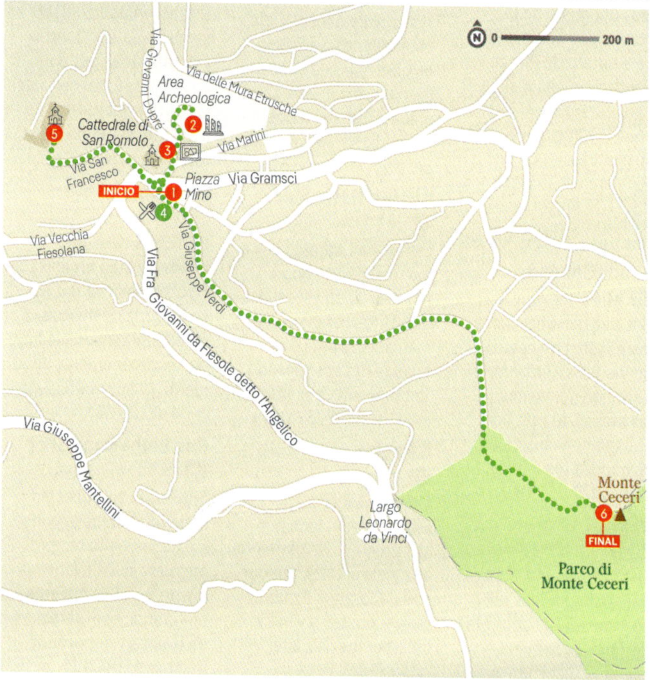

1 Catedral de piedra

El autobús nº 7 lleva al corazón de Fiesole desde Santa Maria Novella en unos 25 min. Hay que apearse en **Piazza Mino,** la principal de Fiesole, dominada por el campanario de la **Cattedrale di San Romolo,** un *duomo* de piedra que se remonta al s. XI.

2 Maravillas arqueológicas

Se continúa hacia el **Area Archeologica,** un fascinante museo al aire libre de ruinas etruscas, a minutos de la plaza principal. Los etruscos fundaron este asentamiento cimero entre los ss. VIII y IV a.C. y erigieron la ciudadela que a la postre ampliarían los romanos, quienes dejaron un anfiteatro -casi intacto- en medio del recinto. El **museo** *in situ* repasa la evolución de la localidad a través de artefactos de la Edad de Bronce.

3 Arte medieval

Se vuelve hacia Piazza Mino para visitar el **Museo Bandini,** así llamado por el coleccionista del s. XVIII que amasó una vasta selección de arte de los ss. XII y XIV, que hoy se exhibe aquí mismo, cerca de la catedral. El espacio destaca la obra de artistas medievales toscanos, más unas cuantas piezas exquisitas del taller de Della Robbia.

4 Almuerzo

Una buena opción es **Vinandro,** un típico restaurante toscano en Piazza Mino, que sirve platos de temporada sin florituras. *Pappa al pomodoro* (sopas de tomate a la toscana), *lampredotto* (abomaso de vaca con salsa de ajo y perejil) o *risotto* a la trufa son algunas de sus sabrosas recetas de toda la vida.

5 Un convento con vistas

Tras entonarse con la cocina local, se enfila al **Convento di San Francesco,** a menos de 10 min a pie de Piazza Mino. Las obras de este convento franciscano comenzaron en 1330 y no concluyeron hasta el siglo siguiente. Dentro, se observa detrás del altar la *Crocifissione* (crucifixión) realizada en el s. XV por el pintor florentino Neri di Bicci, aunque nada supera las espectaculares vistas de la ciudad que regala su azotea.

6 Ruta a las cuevas

Con menos prisas, y si apetece seguir explorando más allá del centro histórico de Fiesole, se recomienda acometer el **Sentiero delle Cave,** una sencilla caminata de 3 km que discurre al este de Piazza Mino hacia el **Parco di Montececeri,** conocido por sus canteras de *pietra serena*. Se toma Via di Monte Ceceri hasta la entrada del parque y, desde allí, se continúa hasta **Piazzale Leonardo** (por Da Vinci, quien en 1506 probó aquí mismo su máquina voladora).

Sugerencias
de lugares para
comer, beber
y comprar en
p. 105

Explora Santa Croce y Sant'Ambrogio

Pese a encontrarse a un paso del centro histórico, este pedacito de Florencia sigue ajeno a la vorágine turística. Muy arraigado a los mercados de alimentación locales, este conjunto de barrios sigue siendo el epicentro epicúreo de la ciudad, pues, tanto si se trata de un puesto callejero de callos o de un *palazzo* con estrellas Michelin, los amantes del buen comer gravitan en torno a Santa Croce y Sant'Ambrogio. El primero gira alrededor de la enorme Piazza di Santa Croce, señoreada por la Basilica di Santa Croce: el emblema local por antonomasia. Al lado queda Sant' Ambrogio, que se mueve al son de la coqueta Piazza Sant' Ambrogio y su mercado al aire libre.

Cómo desplazarse

A pie

Desde la estación de Santa Maria Novella se tarda 25 min a Piazza di Santa Croce (por Piazza del Duomo). Via dei Benci y Via Ghibellina son sus principales arterias; Via Pietrapiana, flanqueada de *boutiques*, discurre al este hacia el más tranquilo Sant' Ambrogio; su prolongación, Borgo La Croce, es igual de agradable para un paseo.

Autobús

De Via degli Orti Oricellari, junto a la estación, sale el C2 hacia la "Ghibellina Pepi". Hay que bajarse en Via Ghibellina (seis paradas).

Mercato di Sant'Ambrogio (p. 95).

NADIIA_FOTO/SHUTTERSTOCK ©

★ LO MEJOR

Descubrir esculturas inolvidables en el **MUSEO DEL BARGELLO** (p. 101).

Admirar los frescos sublimes de la **BASILICA DI SANTA CROCE** (p. 99).

Conocer la vida local en el **MERCATO DI SANT'AMBROGIO** (p. 95).

Disfrutar de un buen cóctel en **LOCALE** (p. 97).

Probar la comida callejera de **TRIPPERIA POLLINI** (p. 103).

CIRCUITO A PIE

Santa Croce y Sant'Ambrogio

Contados visitantes se aventuran más allá de la indispensable basílica. Este trazado sigue los pasos de los lugareños, desde el batiburrillo de tiendas de Via dei' Neri a los mercadillos con más solera de la ciudad, donde se encontrará literalmente de todo. No faltan lugares para parar a tomar un café.

INICIO	FINAL	DURACIÓN
Via dei Neri	Basilica di Santa Croce	2 km; 1 h

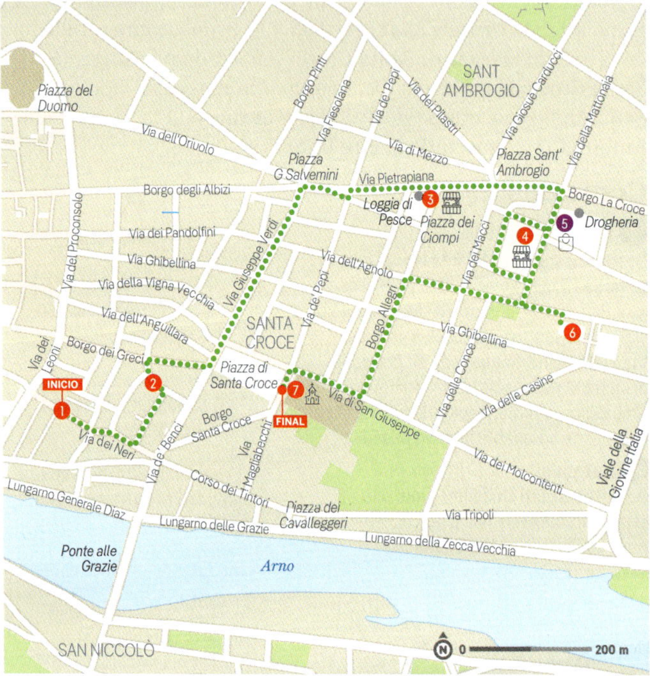

1 La calle de más trajín

Se empieza recorriendo **Via dei Neri** –la calle de ambiente clásico más vibrante de Florencia, con tiendecitas y locales de *schiacciata*– antes de buscar vinilos en el nº 15 y artesanía local en los nº 6-8.

2 Espíritus romanos

En Piazza dei Peruzzi, al norte, se admiran las fachadas redondeadas de los *palazzi,* que conforman un semicírculo sobre lo que era el **anfiteatro romano** de la ciudad, del s. II a.C., con aforo para 20 000 espectadores.

3 Mercado de las flores

En **Piazza dei Ciompi,** a 15 min, espera la vieja lonja con bancos bajo pinos, naranjos y cafés con terraza. Los florentinos compran flores en el **Mercato dei Fiori** de los viernes y en el puesto de flores (diario) junto a la porticada Loggia del Pesce de Vasari. En el lado oriental de la plaza se echa un vistazo al taller de artesano cuchillero **Fabio Figus.**

4 El corazón de Sant' Ambrogio

Luego se visita el **Mercato di Sant'Ambrogio,** principal mercado de abastos de la ciudad, operativo desde 1873. Los vecinos vienen aquí a surtirse de alcachofas, espárragos, fresas y demás productos frescos con sabor de verdad.

5 Un trozo de la antigua Toscana

Se cruza hacia Largo Pietro Annigoni, una inmensa plaza llena de terrazas en verano. En el **Mercato delle Pulci** (tipo rastro) se encontrarán recuerdos del ayer. Y, si apetece desmarcarse de los sabores toscanos de rigor, pídase una contundente hamburguesa en la **Drogheria.**

6 A la cárcel

Deambulando por Via dell'Agnolo se llega a **Le Murate,** donde estudiantes y creativos urbanos coinciden en el antiguo centro penitenciario de Florencia. Es ideal para unirse a su artística parroquia, que va a charlar, intercambiar ideas o ver una actuación mientras toman un café, un trago o un bocado ligero. En verano cotizan al alza los columpios de la terraza del patio.

7 Admirar a Dante

El broche final al paseo lo pone la emblemática basílica de Santa Croce, cuya entrada la custodia una **estatua** del poeta florentino Dante Alighieri. Dicha efigie, realizada en mármol en 1865, se trasladó aquí, en 1968, desde el centro de la plaza para adaptarse al sacrosanto torneo de *calcio storico* (p. 104) del barrio.

CIRCUITO A PIE

Una noche por Santa Croce

En esta ciudad puede resultar difícil dar con verdaderos reductos de vida local. Sin embargo, por suerte, el hecho de que la basílica sea la única atracción de categoría de la zona implica que apenas haya turistas; no en vano, solo los florentinos acuden a comprar al mercado, a comer, a beber y a disfrutar de la vida con otros vecinos.

INICIO	FINAL	DURACIÓN
Ponte alle Grazie	Locale	2,5 km; 1 h

1 De relax junto al río

Siguiendo el ejemplo de los del lugar, el recorrido empieza empapándose de la luz, las vistas y el ambiente desde algún puente sobre el Arno. **Ponte alle Grazie** es un buen sitio para despedirse del sol entre lugareños.

2 Compras vespertinas

Se va de compras por la moderna **Via dei Benci,** salpicada de bares y *boutiques*. En Aquaflor (p. 104), en un *palazzo* del s. XV en la diminuta **Borgo Santa Croce,** venden perfumes y jabones artesanales. Después, se sigue hasta las elegantes *boutiques* de moda de **Via del Proconsolo.**

3 Pescado y frescos

La sesión de tiendas termina con un *aperitivo* acompañado de anchoas fritas, montaditos de atún y demás picoteo marinero en el **Fishing Lab.** Escaleras arriba aguarda un comedor abovedado con fragmentos de frescos de los ss. XIV y XV.

4 Puesta de sol al fresco

Se disfruta de los últimos rayos del sol en la terraza del extravagante **Dragonfly,** en la animada Piazza Salvemini, cuyos imaginativos cócteles no podrían ser más tentadores.

5 Se sube el telón

No hay lugar más icónico o apreciado en Florencia que **Il Teatro del Sale,** cuyas cenas prometen una cautivadora sinfonía de magistrales platos toscanos que culmina a las 21.30 con una interpretación teatral, musical o humorística en vivo. Fundamental reservar.

6 Cócteles a las tantas

Tras el espectáculo, la noche adquiere otro cariz entre la parroquia a la última del **Bitter Bar,** un atrevido bar clandestino estilo años veinte que depara inventivos cócteles ejecutados a la perfección.

7 La última

Turno para el **Eby's,** un atractivo bareto e icono local que tienta con sus creativos chupitos desde hace décadas.

8 Un bar sin igual

Los curiosos y aficionados al mundo de la coctelería no querrán perderse el estelar **Locale,** el bar más universal de Florencia. Incluido en la lista de los 50 mejores bares del mundo (worlds50bestbars.com), conquista con su interior de diseño, brebajes de inspiración vegetal y certero menú degustación para indecisos.

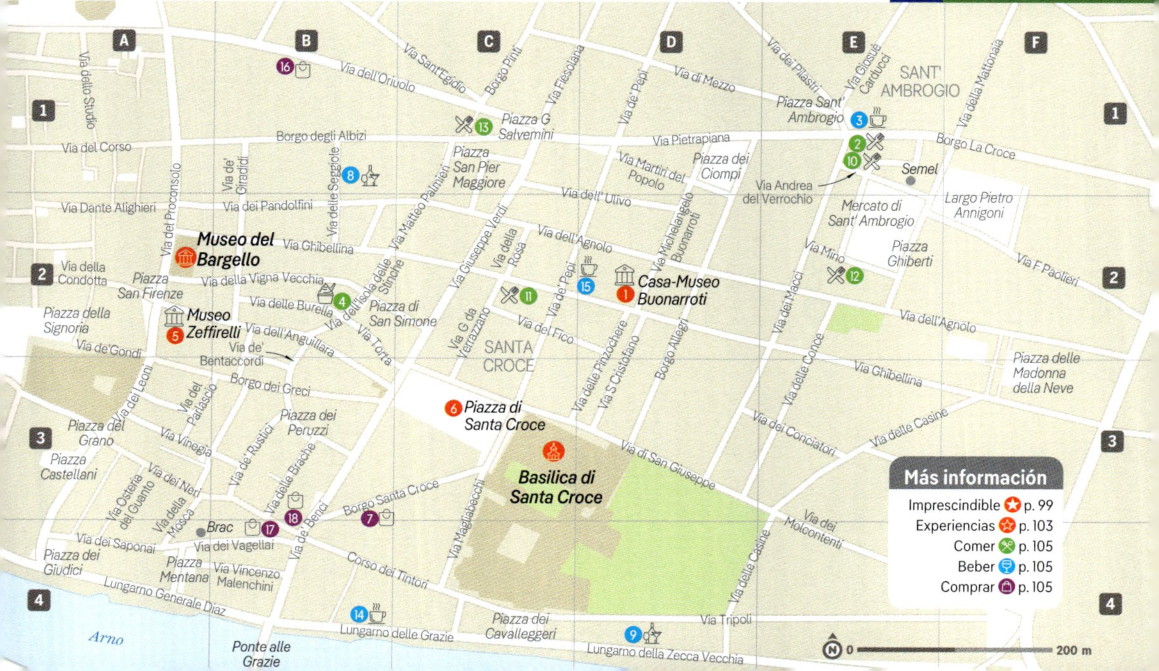

Más información

Imprescindible p. 99
Experiencias p. 103
Comer p. 105
Beber p. 105
Comprar p. 105

★ IMPRESCINDIBLE

Basilica di Santa Croce

A esta basílica franciscana no solo se va a rendir tributo ante las tumbas de Miguel Ángel, Dante, Galileo o Maquiavelo –aunque la de Dante está vacía, pues sus restos se hallan en Rávena, donde murió en 1321–, sino a deleitarse con los formidables frescos de Giotto y una exquisita capilla diseñada por Brunelleschi.

Fachada

Antes de entrar en la basílica, deslumbra su inmaculada fachada neogótica, con la estrella de David en el tímpano sobre el óculo: un símbolo incorporado por el arquitecto judío Niccolò Matas, quien realizó su bicromático exterior de mármol en 1863.

Capillas pintadas al fresco

Tras visitar las **capillas** de la basílica (diseño de Arnolfo di Cambio en el s. XIII), el escritor francés Stendhal tuvo palpitaciones, náuseas y mareos: el "síndrome de Stendhal". Los murales pintados por Giotto en el s. XIV son una maravilla: en la **Cappella Peruzzi** (1310-1320) se verá a Juan Bautista, y en la **Cappella Bardi** (1320-1328), escenas de la vida de san Francisco. Taddeo Gaddi, discípulo de Giotto, decoró la **Cappella Baroncelli** (1328-1338) con frescos de la vida de la Virgen, mientras que Agnolo, hijo de Taddeo, hizo lo propio con la **Cappella Castellani** (1385), consagrada a san Nicolás.

Sagrestia

Desde las capillas del transepto, una puerta diseñada por Michelozzo conduce a un pasillo al final del cual se encuentra la sensacional **sacristía** del s. XIV, engalanada con un fresco de la crucifixión de Taddeo Gaddi. La cruz de madera (c. 1288), obra de Cimabue, fue una de las muchas piezas dañadas por las inundaciones de 1966.

PLANO: P. 98 **C4**

CONSEJO
Lleva 2 h verlo todo; se aconseja hacerse con un dispositivo multimedia de realidad aumentada para los pequeños. Con entrada se obtiene descuento en la Casa-Museo Buonarroti.

Escanea este código QR para precios, horarios y demás.

SIMONA BOTTONE/SHUTTERSTOCK ©

UNA PAUSA
Hacer como los florentinos y disfrutar de un rico *panino* con una copa de vino en **Semel,** frente al mercado de Sant'Ambrogio.

Cappella de' Pazzi

Si se desanda el camino siguiendo el letrero de *"uscita"* (salida) hacia la iglesia, frente a la entrada principal, se llegará a los dos claustros de la basílica, obra de Brunelleschi. Su inconclusa **Cappella de' Pazzi** –obra maestra renacentista apenas retocada en sus 600 años de existencia– destaca por sus medallones de los apóstoles realizados por Luca della Robbia.

Cenacolo

En el segundo claustro, dentro del cavernoso **refectorio,** deslumbra *La Última Cena* de Taddeo Gaddi (1334-1356) ilumina la pared más alejada, pero *La Última Cena* de Georgio Vasari (1546) se lleva la palma. Tras estar sumergido durante 12 h, este óleo regresó aquí en el 2016, después de 50 años de restauración.

★ IMPRESCINDIBLE

Museo del Bargello

Mientras las multitudes claman por ver el *David* de Miguel Ángel en la Accademia, una minoría acude a ver sus mejores obras tempranas en este evocador museo que custodia la mayor colección de escultura renacentista toscana que existe. El propio Palazzo del Bargello, donde el *podestà* (primer magistrado) impartió justicia hasta 1502, es una maravilla.

Sala di Michelangelo

Tras entrar al patio central se aprecia el magistral *palazzo* renacentista y, cruzando la puerta a la derecha, una colección de escultura toscana del s. XVI encabezada por el *Baco* (1496-1497) de Miguel Ángel. Otras tres obras del artista se exhiben aquí: el *David/Apolo* (1530-1532), el inacabado busto de mármol de *Bruto* (c. 1539) y *La Virgen y el Niño con san Juanito* (1505). No hay que irse sin ver el excepcional *Baco* de Buonarroti (1497), esculpido durante su estancia en Roma, y el *Narciso* de Benvenuto Cellini (1548-1565).

Sala di Donatello

Esta majestuosa sala de la 1ª planta (nº 8) contiene esculturas del s. XV. El *San Jorge* de Donatello (1416-1417) dotó a la escultura italiana de un nuevo sentido de la perspectiva y el movimiento. Sus dos versiones del *David* resultan fascinantes: la de 1401, una esbelta figura en mármol; de entre 1440 y 1443, la célebre escultura de bronce. Esta es extraordinaria: fue el primer desnudo que se realizaba desde la Antigüedad y no precisaba de ningún elemento sobre el que apoyarse.

Los Della Robbia

Tras deleitarse con los serenos tonos pastel de la *Virgen del rosal* de Luca della Robbia (1450-1460)

PLANO: P. 98 **A2**

CONSEJO
Evítense los lunes (día concurrido por estar cerrada la Galleria degli Uffizi). Cuando hace sol, las esculturas se aprecian de manera muy distinta. Una entrada combinada da acceso al Bargello y a otros cuatro museos.

Escanea este código QR para precios, horarios y demás.

ANNA PAKUTINA/SHUTTERSTOCK ©

UNA PAUSA
La temática artística continúa haciendo un alto en el modernillo café-librería **Brac,** para tomar un ligero almuerzo vegetariano o vegano, o un té.

en el Salon di Donatello, se pasa al s. XVI en la 2ª planta, cuya colección de piezas de terracota cortesía de Andrea della Robbia y su hijo Giovanni (salas 13 y 14) no admite réplica. Repárese en la transición de los azules y blancos que empleaban en el s. XV hacia su posterior paleta, más llamativa, de verdes, azules y marrones.

Sala della Scultura Barocca

En la sala de escultura barroca destaca el busto de mármol que Gian Lorenzo Bernini realizó hacia 1630 de su amante, la noble Costanza Bonarelli. Cuando Bernini se enteró de que también tenía un idilio con su hermano, pidió que le desfiguraran la cara. Al exhibirse esta pieza por primera vez en el 2023, el director del museo la dedicó a "todas las mujeres que han sufrido y sufren violencia".

EXPERIENCIAS

Descubrir el legado de Miguel Ángel en la Casa-Museo Buonarroti

MUSEO

PLANO: 1 P. 98 **D2**

Es posible dar esquinazo a los turistas en esta formidable **casa-museo,** adquirida por Miguel Ángel a principios de la década de 1500 y reconstruida como *palazzo* por sus herederos un siglo más tarde. Aunque el artista solo vivió aquí durante un breve período –antes de mudarse a Roma, en 1534–, el museo atesora dos magníficos bajorrelieves ejecutados cuando era un adolescente: *Virgen de la escalera* (1491) y la inconclusa *Batalla de los centauros* (1492).

Comer casquería en la Tripperia Pollini

PUESTO DE CALLOS

PLANO: 2 P. 98 **E1**

De lejos el vendedor ambulante de callos más auténtico de Florencia, esta veterana *tripperia* ubicada junto a la diminuta plaza principal de Sant'Ambrogio es todo un bastión de la tradición florentina. Solo hay que sentarse en uno de los taburetes tambaleantes de la barra, echar un vistazo a los murales de Superwoman realizados por el colectivo femenino de arte callejero **Le Diesis** y pedir un *panino* de callos (5 €) rociado de salsa verde (a base de perejil, ajo, alcaparras y anchoas, todo bien picado). Se termina con un *espresso* en la terraza del café Ditta Artigianale (PLANO: 3 P. 98 **E1**), al otro lado de la plaza.

Probar el 'affogato' de Vivoli

HELADO

PLANO: 4 P. 98 **B2**

Puede que esté en una *piazza* minúscula, frente a la Chiesa di Santi Simone e Giuda (1243), pero la incombustible *gelateria* **Vivoli** sabe de sobra lo que es la fama. Nacida como *latteria* (lechería) en Via Isola delle Stinche en 1939, enseguida empezó a hacer helado, y su interminable surtido de deliciosos sabores es único. Hoy, los entusiastas de TikTok acuden como moscas por su *affogato:* una embriagadora combinación de sedosa crema de helado y *espresso,* popularizado de la noche a la mañana por dicha plataforma. Tras pedir y pagar en la caja, se entrega el tique en el mostrador y se espera a que sirvan el helado. Nada de cucuruchos; solo tarrinas.

Celebrar el mundo del celuloide en el Museo Zeffirelli

MUSEO

PLANO: 5 P. 98 **A2**

El viajero repasará la vida y obra de uno de los mayores cineastas de la historia en este **museo** dedicado al mítico director de cine florentino Franco Zeffirelli (1923-2019). Sita en los antiguos juzgados de la ciudad, la exposición permanente comienza en 1953 y discurre por 22 capítulos o salas repletas de esbozos de escenas, vestimentas, carteles, folletos, dibujos originales y fotografías tomadas entre bastidores. En la sala de la planta baja ofrecen conciertos de música de cámara y proyecciones cinematográficas.

Descubrir la perfumería artesanal Aquaflor PERFUMERÍA

PLANO: 7 P. 98 **B3**

Romanticismo y exotismo anidan por doquier en esta elegante **perfumería** de Santa Croce, alojada en un *palazzo* abovedado del s. xv. Sus esencias artesanas las elabora con sumo cuidado y precisión el maestro perfumista Sileno Cheloni, que trabaja con preciadas fragancias y extractos naturales de todo el orbe, incluida la iris florentina. Jazmín, tabaco, absenta o albahaca son solo algunas de las decenas de seductoras notas olfativas –a menudo sorprendentes– que conforman sus creaciones.

Sus jabones, cosméticos y productos ecológicos para el cuidado personal son también geniales como regalo. Resérvese una sesión 1½ h (340 €; aquaflor.it) para crear una fragancia personalizada de la mano de un experto en un órgano de perfumista.

Codearse con mezclólogos durante la Florence Cocktail Week CÓCTELES

PLANO: 8 P. 98 **B1**

Los cócteles de autor son un asunto serio en la capital toscana, y el momento más interesante para ver en acción a algunos de los mejores mezclólogos de la ciudad es durante el **Florence Cocktail Week,** en mayo. Se podrá asistir a catas, clases magistrales, talleres y demás eventos en Locale (p. 97), la coctelería local del momento, con un exuberante jardín vertical en el histórico Palazzo Concini. **Empireo** (PLANO: 9 P. 98 **D4**), un bar de azotea en lo alto del ribereño Plaza Hotel Lucchesi, es otro de los puntales cocteleros de Santa Croce.

Uno de los nombres más destacados del pujante panorama florentino de los cócteles de autor es **Fermenthinks,** una vanguardista destilería que produce pequeños lotes de ginebras, *whiskies* y otros licores elaborados a medida. Se recomienda estar atentos a sus eventos temporales.

'CALCIO STORICO'

El *calcio storico* es una brutal mezcla de fútbol, *rugby* y boxeo practicado por los florentinos; se permiten cabezazos, puñetazos, codazos e incluso agarrarse del cuello. Todos los años, el 24 de junio, 4000 espectadores llenan las gradas del terreno de juego en **Piazza di Santa Croce** (PLANO: 6 P. 98 **C3**) para asistir al tradicional torneo de *calcio storico*. Cada uno de los cuatro barrios históricos que conforman Florencia tiene su propio equipo de 27 jugadores: los Rossi (rojos) de Santa Maria Novella), los Azzurri (azules) de Santa Croce, los Bianchi (blancos) de Santo Spirito y los Verdi (verdes) de San Giovanni. ¿El premio? La satisfacción de doblegar a un viejo adversario.

Localizaciones en el plano de la **p. 98**

Lo mejor para...

€ Económico €€ Medio €€€ Alto

Comer

Cocina toscana

Cibrèo Trattoria €€
10 E1
Cocina tradicional toscana en la que fuera la *trattoria* del chef Fabio Picchi. Pídanse las *polpettine* (albóndigas) *di pollo e ricotta*. *12.30-14.30 y 19.00-22.30*

Enoteca Pinchiorri €€€
11 C2
La cocina toscana es el gancho del único restaurante con tres estrellas Michelin de la región; su marco, en un hotel-*palazzo*, la última palabra en romanticismo clásico. *19.30-22.00 ma-sa*

Comida rápida

Terrazza Menoni €
12 E2
La carnicería de Luca Menoni en el mercado de Sant'Ambrogio goza de éxito desde 1921, y su restaurante, arriba, es ideal. *12.00-14.30 lu-sa*

Antica Noè €
13 C1
Alojada en una antigua carnicería, encandila con sus *panini* y cuencos de *ribollita* (sopa de verduras al estilo tocano). *12.00-2.00 lu y mi-sa*

Beber

Café y comida a cualquier hora

Melaleuca
14 B4
La cola que se forma delante lo dice todo: café del tostadero florentino D612, rollos de canela y *brunches* todo el día. *7.30-16.00, desde 8.00 lu-vi*

Ditta Artigianale
véase 3 E1
La apacible terraza del tostadero de café de especialidad más popular invita a ver el trasiego en Piazza di Sant'Ambrogio. *7.30-24.00*

Le Vespe Café
15 D2
Ricos cafés, licuados y zumos saludables en un café *retro* con terraza en Via Ghibellina. Con carta vegana. *10.00-15.00*

Comprar

'Vintage' y hecho en la Toscana

Chioschetto
16 B1
Disfrutar hurgando en el cajón de sastre de Polina, con moda *vintage*, libros e instrumentos musicales de los años veinte a los sesenta. *10.45-13.30 y 15.15-18.00*

Contempo Records
17 B4
Tienda de vinilos con leyendas italianas de siempre y sonidos más contemporáneos, en Via dei Neri. *10.30-19.30 lu-sa, desde 15.30 do*

Florence Factory
18 B4
Pese al nombre, es una polifacética tienda (moda, joyería, menaje) que vende artículos hechos a mano por creadores florentinos y toscanos. *11.00-19.00*

Sugerencias de lugares para comer, beber y comprar en **p. 119**

Explora
Boboli, San Niccolò y San Miniato al Monte

Una vez saciado el apetito de museos, toca cruzar el Arno para oxigenarse entre floridos jardines, contemplando los panoramas que brindan las colinas de este barrio de Oltrarno. El perspicaz gobernante Cosme I sabía bien lo que hacía cuando trasladó en el s. XVI la residencia oficial de los Medici al Palazzo Pitti; las dinastías Habsburgo-Lorena y Saboya siguieron su ejemplo hasta 1919. Hoy, los florentinos acuden a empaparse del ambiente distendido del ribereño San Niccolò, a pasear sus perros junto a una de las iglesias más bellas de la ciudad, en San Miniato al Monte, y a deleitarse con unas vistas únicas.

Cómo desplazarse

A pie

Piazza Pitti queda literalmente a 5 min del Ponte Vecchio por Via de' Guicciardini; para San Niccolò, mejor cruzar el Ponte alle Grazie desde Santa Croce. Hay repechos: Piazzale Michelangelo queda a 15 min a pie subiendo por Rampe del Poggi desde la ribera. Una vía verde entrelaza el Giardino di Bardini, Boboli y el Forte di Belvedere.

Autobús

El nº 13 (desde Santa Maria Novella) y el nº 12 (desde Lungarno Soderini) van a Piazzale Michelangelo. De julio a septiembre, autobuses de ATAF conectan Piazza Pitti con la Villa Bardini y el Forte di Belvedere.

Porta San Niccolò (p. 109).
GUIDO COZZI/ATLANTIDE PHOTOTRAVEL/GETTY IMAGES ©

LO MEJOR

Contemplar la romántica puesta de sol en **PIAZZALE MICHELANGELO** (p. 116).

El **PALAZZO PITTI** (p. 112) refleja el esplendor renacentista.

Dejarse seducir por los jardines de **VILLA BARDINI** (p. 117).

Admirar el arte urbano de **SAN NICCOLÒ** (p. 118).

Visitar Florencia desde el agua con **FIRENZE RAFTING** (p. 117).

CIRCUITO A PIE

Explorar Boboli, San Niccolò y San Miniato al Monte

Conviene ponerse calzado cómodo para recorrer a pie este arbolado barrio de ambiente bucólico, donde se puede ir de la mano o empujar un cochecito, si se tiene energía bastante para superar las pendientes y enlazar los aplaudidos Palazzi Pitti, Forte di Belvedere y jardines de Boboli/Bardini.

INICIO	FINAL	DURACIÓN
Chiesa di Santa Felicità	Porta San Niccolò	2,5 km; 1¼ h

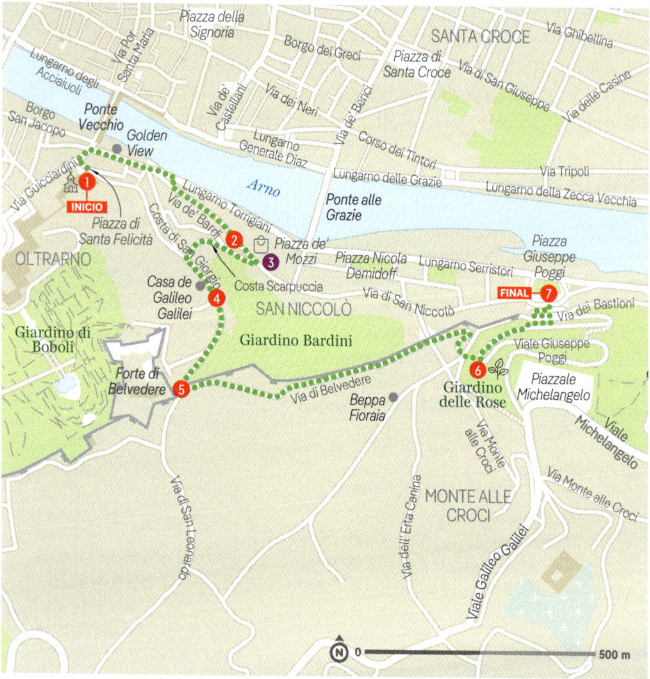

1 Mirador secreto

Desde el Ponte Vecchio se va al sur, hasta Piazza di Santa Felicià, para ver una capilla diseñada por Brunelleschi dentro de la **Chiesa di Santa Felicità** y un tramo del **Corridoio Vasariano** que secciona su fachada. En el interior del templo se alza la vista para ver el balcón desde donde los Medici asistían a misa en secreto, sin interactuar con las clases populares.

2 Reliquias de guerra

Tras desandar el camino hasta el Arno, se tuerce a la derecha por **Via de' Bardi.** Toda esta zona -arrasada por minas alemanas en 1944- se reconstruyó a toda prisa tras la II Guerra Mundial. Resérvese mesa en **Golden View,** un clásico con arrebatadoras vistas del Ponte Vecchio desde su terraza ribereña.

3 Visitas a palacios

Desde Piazza di Santa Maria Soprarno asciende Via de' Bardi hacia un apacible rincón de la ciudad que en su momento pertenecía casi por completo a la poderosa familia Bardi. Para echar un vistazo a alguno de los elegantes **'palazzi'** del s. xv que jalonan esta calle, merece la pena reservar algo de tiempo para visitar el museo del perfumista **Lorenzo Villoresi** (p. 118).

4 Una calle pintoresca

Se sube la sinuosa Costa Scarpuccia y la empedrada **Costa San Giorgio,** la callecita más pintoresca de la ciudad. Durante la peste de 1630, Fernando II de Médici solía visitar al científico italiano Galileo Galilei en su casa del nº 19.

5 Vistas formidables

Tras colarse por la medieval **Porta di San Giorgio** (repárese en el bajorrelieve de san Jorge) se desciende entre los olivos de **Via di Belvedere,** que rodean la antigua muralla.

6 Benditas flores

Se almuerza en **Beppa Fioraia** (p. 119) o se enfila al **Giardino delle Rose** para oler 400 variedades de rosas y deleitarse con el bello panorama que se obtiene a través de la curiosa escultura en forma de maletín del artista Jean-Michel Folon (1934-2005).

7 ¿Una última pendiente?

Si no atrae la idea de subir hasta **Piazzale Michelangelo** (p. 116) habrá que descender los escalones que llevan a la ribereña **Porta San Niccolò,** la torre medieval mejor preservada: centinela silencioso junto al Arno desde 1324. MUS.E (musefirenze.it) ofrece visitas guiadas.

Más información
Imprescindible p. 112
Experiencias p. 116
Comer p. 119
Beber p. 119
Comprar p. 119

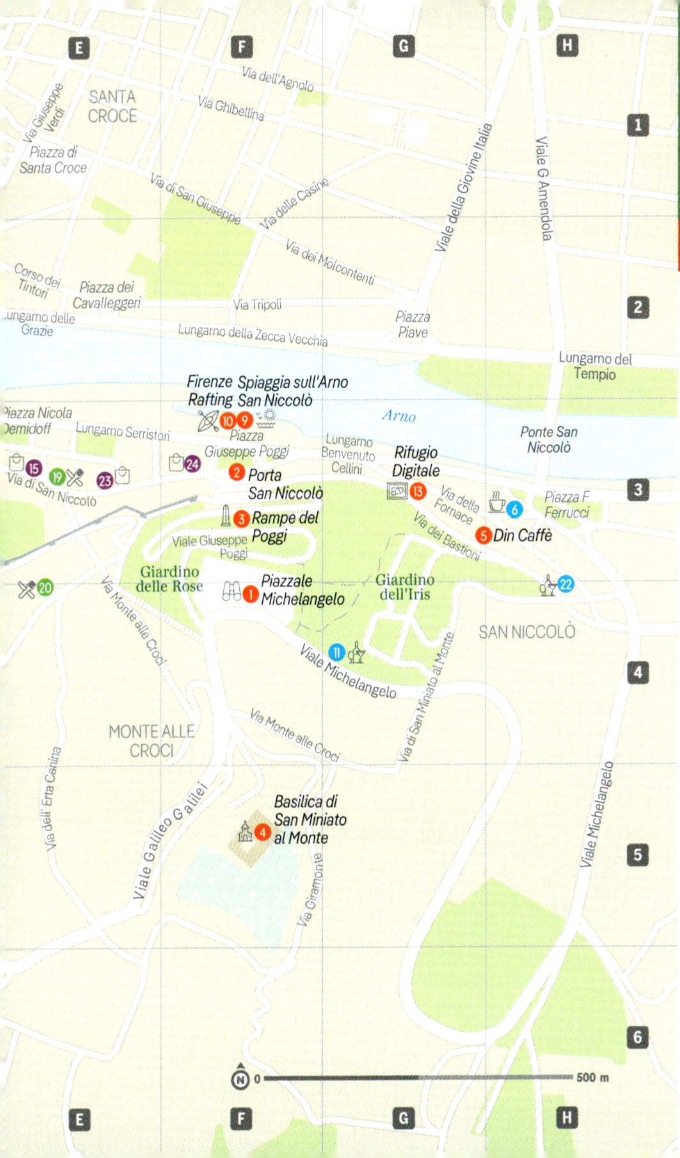
E
F
G
H
1
2
3
4
5
6
SANTA CROCE
Via Giuseppe Verdi
Piazza di Santa Croce
Via dell'Agnolo
Via Ghibellina
Via di San Giuseppe
Via delle Casine
Via dei Malcontenti
Viale della Giovine Italia
Viale G Amendola
Corso dei Tintori
Piazza dei Cavalleggeri
Via Tripoli
Lungarno delle Grazie
Lungarno della Zecca Vecchia
Piazza Piave
Lungarno del Tempio
Firenze Rafting
Spiaggia sull'Arno San Niccolò
Arno
Piazza Nicola Demidoff
Lungarno Serristori
Piazza Giuseppe Poggi
Lungarno Benvenuto Cellini
Rifugio Digitale
Ponte San Niccolò
Via di San Niccolò
Porta San Niccolò
Via della Fornace
Piazza F Ferrucci
Via dei Bastioni
Din Caffè
Rampe del Poggi
Viale Giuseppe Poggi
Giardino delle Rose
Piazzale Michelangelo
Giardino dell'Iris
SAN NICCOLÒ
Via Monte alle Croci
Viale Michelangelo
Via di San Miniato al Monte
MONTE ALLE CROCI
Via dell' Erta Canina
Viale Galileo Galilei
Basilica di San Miniato al Monte
Via Giramonte
Viale Michelangelo
0
500 m

★ IMPRESCINDIBLE

Palazzo Pitti

Explorar las interminables salas llenas de joyas artísticas de un vasto palacio renacentista, construido originalmente para el banquero Luca Pitti en la década de 1450 al pie de la Collina di Boboli, permite asomarse a la vida de los megalómanos gobernantes locales entre los ss. XVI y XIX.

PLANO: P. 110 **B3**

CONSEJO

Con medio día se ven las colecciones que interesen más; en un día entero se ven todas. Terminar en los jardines: más bellos en primavera, sofocantes en verano.

Escanea este código QR para precios, horarios y demás.

Tesoro dei Granduchi

Al entrar en el patio del Palazzo Pitti se gira a la izquierda hacia el **Tesoro de los Grandes Duques.** Cosme I se convirtió, en 1550, en el primer Médici que tuvo el palacio como residencia oficial, y los tesoros amasados por la familia se exhiben en varias salas suntuosas, incluidas tallas de ámbar, miniaturas de marfil y relucientes tiaras. Los exquisitos frescos (1635-1642) de la **Sala di Giovanni da San Giovanni** celebran la vida de Lorenzo de Médici (repárese en Miguel Ángel entregándole una estatua). "Habla poco, sé breve e ingenioso" es el lema sobre la escalera de la estancia contigua, la sala de audiencias, donde el gran duque recibía visitas. Las platerías datan de la dinastía Habsburgo-Lorena, sucesora de los Medici en 1737.

Museo delle Icone Russe

La pequeña zona del palacio que Cosme III y su mujer Margarita de Orleans utilizaron como residencia de verano a partir de 1661 contiene la colección de **iconos rusos** de los ss. XVI- XVIII perteneciente a los Uffizi: la mayor de su estilo fuera de la región histórica de Rutenia, muchos de ellos pintados por artistas que trabajaban en la corte del zar en Moscú. No hay que perderse el *Menologio* (1730-1750), un calendario litúrgico ilustrado de los festivos cristianos ortodoxos.

TODAMO/SHUTTERSTOCK ©

Galleria Palatina

El visitante se expondrá a sufrir una sobrecarga sensorial en esta **galería de arte,** cuyo interior neoclásico de la época napoleónica compite en belleza con la mayor muestra de retratos de Rafael del mundo, apuntalada por obras maestras de Caravaggio, Tintoretto, Tiziano, Rubens y Van Dyck. La colección de los ss. XVI-XVIII conserva su disposición primigenia, con apretujados óleos en floridos marcos dorados colgados en paredes rojo pasión.

En la **Sala di Prometeo** se verán la *Virgen con el Niño* (1452-1453) de Fra' Filippo Lippi y algún que otro Botticelli. La obra de mayor valor sentimental está en la **Sala dell'Educazione di Giove** y se trata del *Cupido durmiento,* pintado por Caravaggio en 1608 en Malta, donde se exilió tras asesinar a un individuo en Roma. La **Sala Bianca** (en ella

UNA PAUSA

El café del patio del Palazzo Pitti sirve capuchinos, repostería y *panini* correctos. Se espera que abra un café con vistas en la **Kaffeehaus** del s. XVIII de Boboli.

programan conciertos de piano) rebosa de espejos, arañas de luces, estucados y mosaicos venecianos. Cruzando la librería se topa con la resplandeciente **Sala di Bona,** con frescos del s. XVI, y en cuyo techo puede verse a Cosme I, desnudo, asiendo una brújula y un cartabón: símbolos de su figura como creador del Estado toscano. Accesibles desde la Galleria Palatina, los **Appartamenti Reali,** amueblados como estaban en tiempos de los Saboya (1880-1891), están siendo restaurados.

Galleria d'Arte Moderna

Para las autoridades del Pitti, lo moderno eran los ss. XVIII y XIX; así, la colección de esta **galería** de la 2ª planta está dominada por obras de finales del

s. XIX de artistas de la escuela florentina de los *macchiaioli* (el impresionismo local).

Museo della Moda e del Costume

Una de las mayores bazas del palacio, el remodelado **Museo de la Moda y del Traje** es una solemne oda a las confecciones del s. XVI a la actualidad. Su certera iluminación y gama cromática presentan con elegancia sus exclusivas piezas, muchas a cargo de diseñadores patrios.

La colección comienza en 1574 con el atuendo funerario –en semidescomposición– de Cosme I, su mujer, Leonor Álvarez de Toledo, y su hijo Don Garzia. Las históricas prendas, enterradas durante centurias, fueron extraídas en 1947 y preservadas.

Giardino di Boboli

La visita al palacio concluye en estos gloriosos **jardines,** creados para los Medici a mediados del s. XVI con diseño del arquitecto Niccolò Pericoli. El límite sur del palacio regala preciosas vistas de los olivares y las colinas, que desde donde mejor se disfrutan es en la terraza ajardinada junto a la **Palazzina del Cavaliere,** con un pequeño museo de porcelana europea.

Decenas de flores de tonos rosáceos cautivan en el rosedal; 39 variedades de camelia crecen en el tapiado **Giardino delle Camelie;** e insólitos cidros con forma de gota absorben los rayos del sol en la **Limonaia** (casa de los limones). Fiel a su promesa de ser "un museo al aire libre", el jardín atesora 300 fuentes y estatuas, entre otras de Neptuno, Cupido y Venus; se prevé que muchas de ellas se sometan a un proyecto de restauración en pos de conservar el legado arquitectónico del parque. Hay planes para que en el palacio abra una heladería con vistas al **Prato dei Castagni.**

CÓMO AHORRAR UNOS EUROS

La entrada sencilla da acceso al Palazzo Pitti (todas las colecciones) y a los jardines de Boboli; si van a verse ambos lugares, sale más a cuenta la entrada combinada (22 €). Más rentable todavía es el PassePartout (38 €), bono de cinco días que, además, incluye los Uffizi. En temporada baja (10 ene-20 feb/10 nov-20 dic) el precio de las entradas se reduce a 14/22 €. Se pueden comprar por internet o en persona.

EXPERIENCIAS

Ver la puesta de sol en Piazzale Michelangelo

MIRADOR

PLANO: 1 P. 111 **F4**

Hay que ignorar los puestos de recuerdos y deleitarse con las vistas al otro lado de esta descomunal **plaza.** El emblemático panorama de la ciudad es sensacional a cualquier hora (a primera hora del día, se evitará el gentío), pero cuando conquista de veras es del atardecer en adelante, cuando el cielo se tiñe de un tono entre rosa y escarlata al ponerse el sol detrás de la colina. Las noches de verano suele haber músicos callejeros, espectáculos de danza y gente tomando cócteles en la terraza del Vip's Bar. También contempla las vistas una de las dos réplicas del *David* que hay en Florencia.

Aunque hay autobús a Piazzale Michelangelo, está más que justificado acometer la subida de 10 min desde **Porta San Niccolò** (PLANO: 2 P. 111 **F3**), custodio del Arno desde 1324. Desde detrás de la torre (abierta jun-sep, reservar con antelación en musefirenze.it) se remontan las monumentales –y zigzagueantes– escaleras de **Rampe del Poggi** (PLANO: 3 P. 111 **F3**), que discurren entre grutas y cascadas artificiales.

Descubrir arte sacro en la Basilica di San Miniato al Monte

IGLESIA

PLANO: 4 P. 111 **F5**

Al subir colina arriba hacia esta espectacular basílica románica con una policromada fachada de mármol es imposible no pensar en el mártir paleocristiano san Miniato tambaleándose, llevando su cabeza cortada en la mano, hasta el emplazamiento donde hoy se levanta el templo, a solo 5 min más a pie desde Piazzale Michelangelo. Las vistas del ocaso desde la elegante basílica son soberbias.

En su evocador interior sin iluminar se observan frescos de los ss. XIII-XV que adornan la pared sur y elaborados diseños de mármol taraceado que alinean la nave, la cual conduce a una cripta románica. Michelozzo, Agnolo Gaddi y Luca della Robbia contribuyeron a la creación de la sublime **Capella del Crocefisso,** en el centro de la nave. La visita termina con un emotivo paseo por el mar de lápidas, capillas y esculturas del **Cimitero Monumentale delle Porte Sante,** detrás de la iglesia. Aquí yace el escritor Carlo Lorenzini (1826-1890), creador de Pinocho.

Aprender acerca de la cultura local de café en Din Caffè

TOSTADERO

PLANO: 5 P. 111 **G3**

Es posible adentrarse en el mundo del café italiano de especialidad en **Din Caffè,** un tostadero artesanal escondido detrás de un olivar y altos muros de piedra en la apacible Via dei Bastoni. Los talleres para grupos reducidos (hay que reservar) de este referente de tercera generación, nacido en 1939, sirven de introducción a los interesados en la obtención de granos, el arte del tueste y las particularidades de la cultura florentina del café. Para el tándem formado por las hermanas Serena y Benedetta Nobili, la clave está en realizar una trazabilidad completa de la planta a la taza. Tuestan granos a diario y, para mantener su sabor y calidad, los dejan enfriar al aire libre (no en agua, como sucede con los cafés comerciales).

La visita puede redondearse con un dulce, un almuerzo o un cóctel en **Ditta Artigianale** (PLANO: 6 P. 111 **H3**), en la aledaña Piazza Ferrucci, uno de los tres cafés regentados por el microtostadero Gen Z, que desembarcó en la escena del café de especialidad local en el 2013.

Cultivar el romanticismo en el Giardini Bardino

JARDÍN

PLANO: 7 P. 110 **C3**

Grutas rústicas y mosaicos del s. XVIII, bancos de piedra, un invernadero de naranjos, estatuas de mármol, fuentes monumentales... Este prototípico jardín toscano invita al romanticismo con sus seductores parterres de azaleas, peonías y glicinias (floración: abr y may), aromáticas iris (jun) y dalias (jun-sep).

Se recomienda pasear bajo pérgolas cubiertas de rosas estivales hacia **Villa Bardini** (1641, PLANO: 8 P. 110 **C3**), hogar del coleccionista de arte Bardini (1836-1922), quien adquirió y restauró la finca en 1913. Se exhiben lienzos de Pietro Annigoni (1910-1988) en el pequeño **Museo Pietro Annigoni,** con vistas deliciosas. El colofón más romántico lo pone un almuerzo en el refinado restaurante **La Leggenda dei Frati,** con jardín y una *loggia* con panorámicas. Sirve cocina toscana moderna y creativa, postres artísticos y un desenfre-

LAS MEJORES PROPUESTAS TEMPORALES EN VERANO

Spiaggia sull'Arno San Niccolò

PLANO: 9 P. 111 **F3**

Playa urbana con puestos de tentempiés instalados cada verano junto al río, en San Niccolò, enfrente de Piazza Giuseppe Poggi. Acoge conciertos, fiestas temáticas y propuestas culturales.

Firenze Rafting

PLANO: 10 P. 111 **F3**

Para ver los Uffizi, el Ponte Vecchio y otros reclamos locales a bordo de una balsa, kayak o tabla de surf de remo. (firenzerafting.it)

Flò

PLANO: 11 P. 111 **G4**

Deslumbrante bar-*lounge* y club nocturno que reabre en mayo en Piazzale Michelangelo (may-sep). Entrada gratis hasta las 0.30 (hombres pagan vi y sa). Hay que ir bastante arreglado para poder entrar.

nado menú degustación de nueve pasos (180 €).

Asaltar el arte del Forte di Belvedere

FORTALEZA

PLANO: 12 P. 110 **C4**

Es posible retroceder a la Florencia del s. XVI en este espectacular baluarte cimero, más conocido como **Forte di Belvedere** (1590-1600) por su arrebatador mirador (*belvedere,* en italiano). Diseñado por Bernardo Buontalenti para el gran duque Fernando I, el imponente bastión estaba fuertemente custodiado. Hoy, de junio a octubre, alberga instalaciones y muestras de arte contemporáneo, de visita obligada, tanto por su mirada vanguardista como por las vistas de la ciudad (musefirenze.it). Los entusiastas del arte provocador no querrán perderse las instalaciones de arte digital, exposiciones y actuaciones del **Rifugio Digitale** (PLANO: 13 P. 111 **G3**), un refugio antiaéreo reconvertido en el nº 41 de Via delle Furnace.

Buscar el arte urbano de Clet

ARTE CALLEJERO

PLANO: 14 P. 110 **D2**

En el Ponte alle Grazie se verá la figura de un hombre caminando hacia el vacío. Se trata de la escultura de metal negro *El hombre corriente,* del artista callejero **Clet,** retirada de su emplazamiento por las autoridades locales en varias ocasiones en la última década, aunque siempre vuelve, para deleite de los amantes de las señales intervenidas y descaradas estatuas del artista francés, que trabaja en su **taller de Oltrarno** (PLANO: 15 P. 111 **E3**), en Via dell'Olmo. Allí vende pegatinas y postales con sus emblemáticas creaciones. Los alrededores son un magnífico punto de partida para un circuito autoguiado para ver varias de sus obras. Al cruzar el Ponte alle Grazie hacia Lungarno Torrigiani, se podrá apreciar su primera –insólita– señal de prohibido el paso en la esquina de Piazza de' Mozzi.

Percibir esencias toscanas en el Museo Villoresi

PERFUMERÍA

PLANO: 16 P. 110 **D3**

Se recomienda respirar el fresco aroma de fragancias típicas en este atractivo **museo del perfume,** instalado en el *palazzo* familiar del s. XV del perfumista florentino más celebrado. Lorenzo Villoresi fusiona elementos locales con esencias antiguas y exóticas de todo el orbe para crear perfumes irresistiblemente toscanos, velas perfumadas y fragancias de interior en su perfumería artesanal. En un pequeño museo con patio y jardín botánico (solo con previa reserva), sus cabinas olfatorias animan al visitante a activar su propia *nez* (nariz), aprendiendo el proceso de elaboración de los perfumes y explorando el mundo de la perfumería florentina.

Lo mejor para...

Localizaciones en el plano de la **p. 110**

€ Económico €€ Medio €€€ Alto

Comer

Queso y vino

Le Volpi e l'Uva €
17 B2
Vinos *boutique* acompañados de sublimes *crostini* en una modesta vinoteca que no ha perdido un ápice de su encanto desde 1992. *12.00-21.00 lu-sa*

Formaggioteca Terroir €
18 D3
Quesos patrios y franceses regados con vinos ecológicos y biodinámicos, más circuitos vinícolas para grupos reducidos. *16.30-22.30 lu-mi, 10.30-23.00 ju-sa, 12.30-21.00 do*

Con jardín

Rifrullo €€
19 E3
Todo un clásico de San Niccolò, genial para desayunar, tomar *aperitivi* o cenar; lo mejor: su recoleto jardín de verano. *7.30-1.00, desde 8.00 sa y do*

Beppa Fioraia €€
20 E4
Cuesta creer que uno esté en el centro de Florencia en esta apreciada *osteria con giardino* especializada en bistecs, carnes asadas y hamburguesas. Las alcachofas fritas satisfarán a los vegetarianos. *12.30-14.30 y 19.30-23.00*

Beber

Cerveza y cócteles

High Bar
21 D3
Bar de barrio que sirve cervezas y vinos italianos, café y refrescos a precios justos. Ambiente agradable, música ochentera y rico *stuzzichini* (picoteo). *8.30-22.00 lu-sa*

Surf Ventura
22 H4
Antes de descender a este sorprendente edén de los cócteles hay que llamar a la puerta y rellenar un formulario. *20.00-24.00 ma y mi, 21.30-1.00 ju-sa*

Comprar

Hecho en Florencia

Farmacia dei Monaci
véase 4 F5
Las galletas, velas de cera de abeja y cosméticos de los monjes de la Basilica di San Miniato al Monte son excelentes regalos; pegada a la basílica está su microscópica 'farmacia'. *10.00-12.15 y 16.00-18.00*

Dhai-Studio Atelier
23 E3
Carla Bruttini, una de las contadas artistas callejeras locales, tiene en el nº 44r de Via San Niccolò un taller donde vende su arte urbano. *Horario variable*

Stefano Bemer
24 F3
Exclusiva zapatería de caballeros cuyas creaciones a medida llevan incrustada una moneda de seis peniques en la suela del zapato izquierdo para atraer la buena suerte. *10.00-19.00 lu-sa*

Sugerencias de lugares para comer, beber y comprar en **p. 129**

Explora Oltrarno

Los antaño barrios obreros de Santo Spirito y San Frediano, en la margen sur del Arno, han experimentado una transformación en los últimos 20 años. Los históricos talleres textiles, de tallado en madera y de encuadernación de la zona han dado paso a estudios de interiorismo, *boutiques* de diseño y bares. Y aunque es innegable el influjo de sus muchas *trattorie* clásicas, estos barrios han recibido con entusiasmo la llegada de galerías de arte contemporáneo, coctelerías y restaurantes modernos que atraen a lugareños y visitantes fuera del casco histórico. Pese a varios contrastes inherentes a ellos, San Frediano y Santo Spirito siguen situándose entre las zonas más interesantes para explorar: la creatividad prospera y el paisaje urbano se redefine constantemente, sobre todo en verano, cuando plazas y terrazas se abarrotan.

Cómo desplazarse

A pie

Hay que ponerse calzado cómodo para patear esta zona sin apenas tráfico, por lo que siempre resulta sencillo caminar.

Autobús

Circulan con carácter regular por Borgo San Frediano y Lungarno Soderini hacia la parte oriental y occidental de la ciudad. En Piazza Tasso se toma el autobús que sube a Piazzale Michelangelo (nº 12).

Bicicleta

Para liberar las bicis eléctricas de Movi solo hay que escanear -con la aplicación RideMovi- el código QR situado sobre el manillar.

Piazza Santo Spirito (p. 127).

★

LO MEJOR

Admirar los impresionantes frescos de la **CAPPELLA BRANCACCI** (p. 126).

En **PIAZZA SANTO SPIRITO** (p. 127), recorrer los mercados de antigüedades.

Observar el ocaso desde el **PONTE VECCHIO** (p. 126).

LA SPECOLA (p. 127) es el lugar ideal para visitar exposiciones científicas.

Hacer una pausa para un *gelato* en **SBRINO** (p. 129).

CIRCUITO A PIE

Paseo por Oltrarno

Aquí sirven algunos de los mejores helados de Florencia, una infinita oferta de bares y restaurantes con las mesas en la calle, y singulares tiendas artesanales con artículos ideales para llevar a casa: "el otro lado del Arno" ofrece una combinación de experiencias que abarca desde arte oculto a cocina sofisticada.

INICIO	FINAL	DURACIÓN
Porta di San Frediano	'Virgen del Hedor'	1,5 km; 1 h

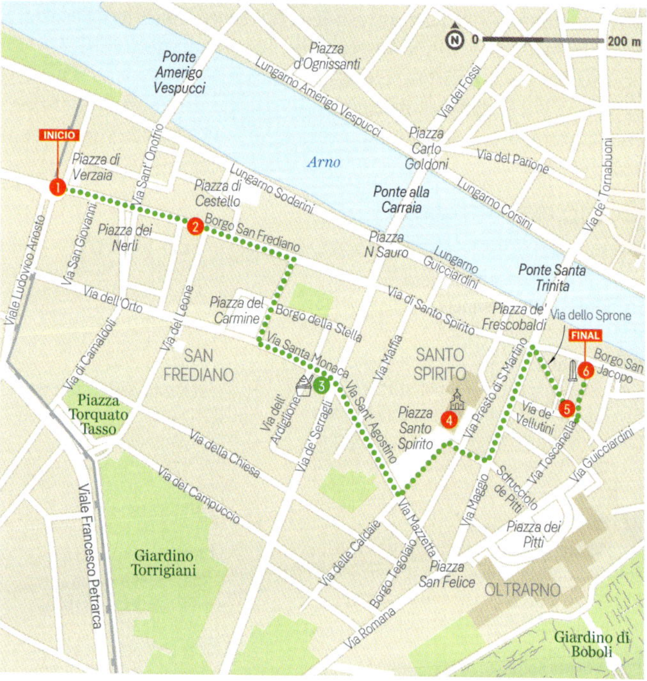

1 Majestuosa entrada

Se dice que Andrea Pisano diseñó la **Porta di San Frediano,** primera toma de contacto con Florencia para los recién llegados desde los puertos de Pisa y Livorno en la Edad Media. Datada en 1333 y con una altura de 20 m, es el mayor acceso que se conserva en la antigua muralla.

2 Calles de artesanos

En la posguerra, muchos artesanos locales trasladaron sus talleres a **Borgo San Frediano,** donde los alquileres eran más asequibles. Hoy, su ambiente artístico se mantiene vivo gracias a las galerías y talleres. **Galleria Romanelli** tiene esculturas; **Il Paralume,** lámparas; y **Female Arts in Florence,** objetos de diseño.

3 Parada para un 'gelato'

Tras girar a la derecha y cruzar Piazza del Carmine, se entra en la iglesia para ver la Cappella Brancacci antes de seguir en dirección a Piazza Santo Spirito para ir a **Sbrino** (p. 129), una de las mejores *gelaterie* de la ciudad, conocida por su selección de sabores de temporada y surtido vegano.

4 El olvidado crucifijo de Miguel Ángel

El interior de la **Basilica di Santo Spirito** (p. 127), diseñada por Brunelleschi en el s. xv, alberga un crucifijo de madera atribuido a Miguel Ángel desde su redescubrimiento en 1962.

5 Muro de llaves perdidas

Se hace un alto en Piazza della Passera. Bajando por Via Maggio se verá la ornamentada fachada del **Palazzo Bianca Cappello,** encargado por el gran duque Francisco I para que en él residiera Bianca Cappello, su amante. Se tuerce a la derecha por Via dello Sprone hacia la plaza triangular, donde se observarán decenas de llaves colgadas del muro de la sandwichería Schiaccia Passera (p. 129). Se almuerza en **Trattoria 4 Leoni.**

6 El hastío de la Virgen

Se vuelve hacia el río por Via Toscanella. Al final de la calleja se mira hacia arriba y, a la izquierda, se verá la escultura de arcilla de la **'Virgen del Hedor',** la Madonna del Puzzo, un busto de la Virgen María tapándose la nariz. El artista local Mario Mariotti (1936-1997) creó esta obra en los años ochenta y la colocó sobre un contenedor que había aquí.

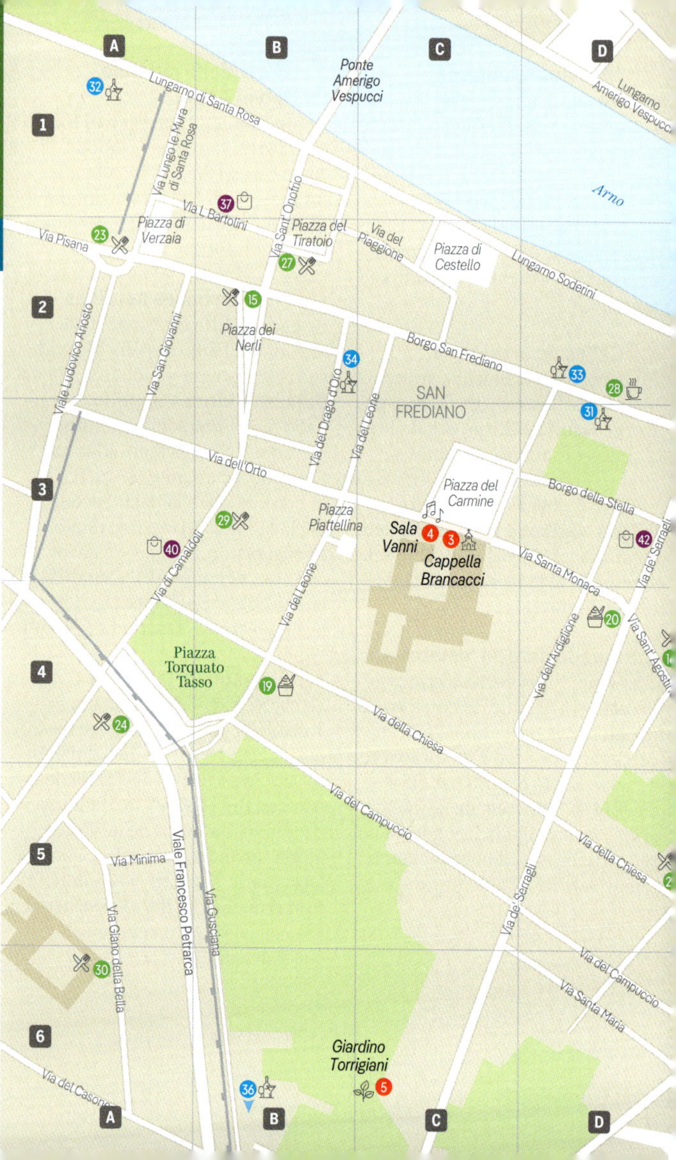
A
B
C
D
1
2
3
4
5
6
Ponte Amerigo Vespucci
Lungarno Amerigo Vespucci
Arno
Lungarno di Santa Rosa
Via Lungo le Mura di Santa Rosa
Via L Bartolini
Piazza di Verzaia
Via Pisana
Via Sant'Onofrio
Piazza del Tiratoio
Via del Piaggione
Piazza di Cestello
Lungarno Soderini
Piazza dei Nerli
Borgo San Frediano
Viale Ludovico Ariosto
Via San Giovanni
Via del Drago d'Oro
Via del Leone
SAN FREDIANO
Via dell'Orto
Piazza del Carmine
Borgo della Stella
Piazza Piattellina
Sala Vanni
Cappella Brancacci
Via Santa Monaca
Via de' Serragli
Via di Camaldoli
Via dell'Ardiglione
Via Sant'Agostino
Piazza Torquato Tasso
Via della Chiesa
Via del Campuccio
Via Minima
Viale Francesco Petrarca
Via Gusciana
Via Giano della Bella
Via Santa Maria
Giardino Torrigiani
Via del Casone
32
37
23
27
15
34
33
28
31
29
40
4
3
42
20
19
24
30
36
5

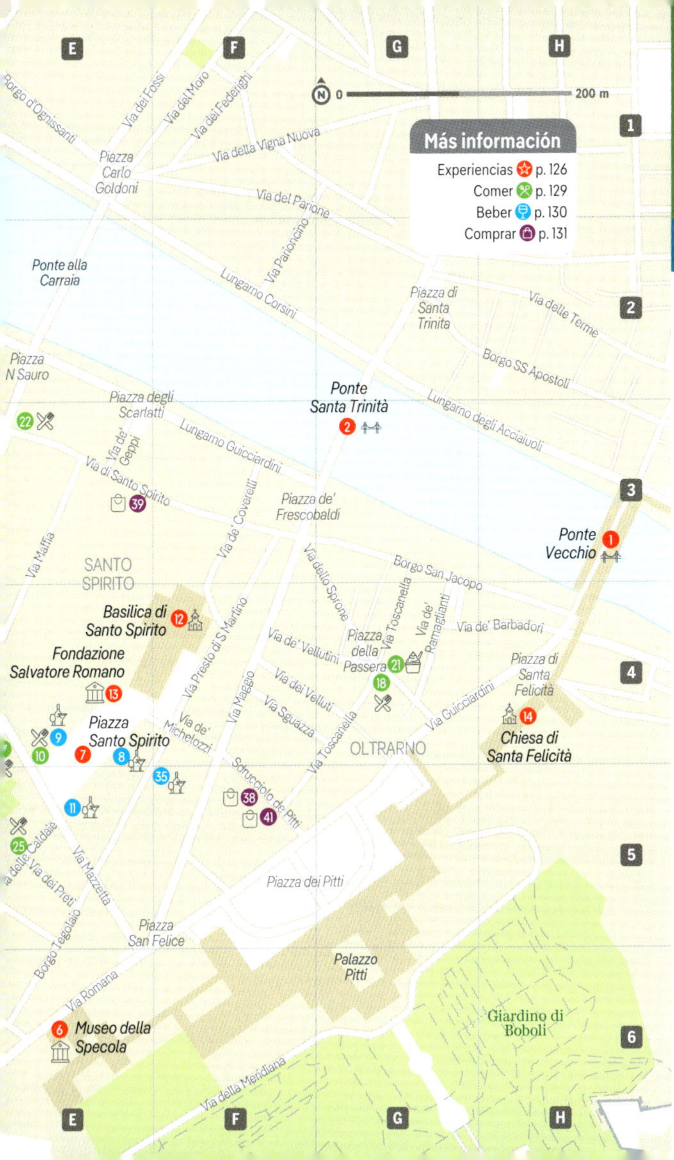
Más información
Experiencias p. 126
Comer p. 129
Beber p. 130
Comprar p. 131
0 200 m
E F G H
1 2 3 4 5 6
Borgo d'Ognissanti
Via dei Fossi
Via del Moro
Via dei Federighi
Via della Vigna Nuova
Piazza Carlo Goldoni
Via del Parione
Via Parioncino
Lungarno Corsini
Ponte alla Carraia
Piazza di Santa Trinita
Via delle Terme
Borgo SS Apostoli
Lungarno degli Acciaiuoli
Piazza N Sauro
Piazza degli Scarlatti
Ponte Santa Trinità
2
Lungarno Guicciardini
Via de' Geppi
Via di Santo Spirito
39
Via de' Coverelli
Piazza de' Frescobaldi
Ponte Vecchio
1
22
Via Maffia
SANTO SPIRITO
Via dello Sprone
Borgo San Jacopo
Via Toscanella
Via de' Ramaglianti
Via de' Barbadori
Basilica di Santo Spirito
12
Via Presto di S Martino
Via de' Vellutini
Piazza della Passera
21
18
Fondazione Salvatore Romano
13
Via dei Velluti
Via Maggio
Via Sguazza
Piazza di Santa Felicità
Via Guicciardini
14
Chiesa di Santa Felicità
Piazza Santo Spirito
Via de' Michelozzi
9
10
7
8
35
Via Toscanella
OLTRARNO
Sdrucciolo de' Pitti
38
41
11
25
Via delle Caldaie
Via dei Preti
Via Mazzetta
Piazza dei Pitti
Piazza San Felice
Borgo Tegolaio
Palazzo Pitti
Via Romana
Giardino di Boboli
Museo della Specola
6
Via della Meridiana

EXPERIENCIAS

Pasear por un puente histórico

ARQUITECTURA

PLANO: 1 P. 125 **H3**

Nexo entre el centro urbano y Oltrarno, el **Ponte Vecchio** es uno de los muchos iconos que conserva la ciudad. Paseando junto a las 48 tiendas suspendidas de manera desigual sobre el agua se reparará en que en ellas se venden exclusivamente joyas. Y esto no es fortuito: en la Edad Media solo había carnicerías y pescaderías, pero en 1593 Fernando I aprobó una ley que prohibía que los "oficios viles" tuvieran presencia aquí. El gran duque aborrecía el olor que percibía al pasar por el Corridoio Vasariano –el pasaje elevado que une los *palazzi* Vecchio y Pitti– y, por ende, decidió desalojar a los carniceros. Desde entonces, solo se ha permitido trabajar a los joyeros, cuyas tiendas rodean el monumento a Benvenuto Cellini, uno de los orfebres y escultores más conocidos de Florencia. Construido en 1345 tras desplomarse la estructura anterior, del s. x, el Ponte Vecchio fue el único que sobrevivió al bombardeó nazi de 1944. Las mejores vistas del icono florentino se aprecian desde el **Ponte Santa Trinità** (PLANO: 2 P. 125 **G3**), muy especialmente al ocaso.

Conocer a los pioneros renacentistas en la Cappella Brancacci

MUSEO

PLANO: 3 P. 124 **C3**

A principios del s. xv, el mercader Felice Brancacci encargó a Masaccio y Masolino da Panicale, dos pioneros renacentistas, la decoración de una capilla de la Basilica di Santa Maria del Carmine. El ciclo de 14 frescos de la **Cappella Brancacci,** realizado por Filippino Lippi y que ilustra la vida de san Pedro, se convirtió en un emblema de la transición hacia el realismo que caracterizó el paso del gótico al Renacimiento. Hoy, estos frescos siguen estando entre las obras más valiosas de San Frediano, accesibles por la puerta a la derecha de la entrada principal de la Basilica di Santa Maria del Carmine. Cerrado martes, miércoles y jueves.

Escuchar 'jazz' contemporáneo en una iglesia

AUDITORIO

PLANO: 4 P. 124 **C3**

La pírrica oferta de música en vivo del centro de Florencia la compensa el auditorio ubicado en un ala de la Basilica di Santa Maria del Carmine. Llamada así por Gian Battista Vanni, autor de los frescos de 1645 que adornan sus paredes, la **Sala Vanni** acoge una rica programación de *jazz* experimental de otoño a primavera. Más información en musicusconcentus.com.

Desvelar los misterios del Giardino Torrigiani JARDÍN

PLANO: 5 P. 124 **C6**

El amurallado **Giardino Torrigiani** es el jardín privado más grande de Europa situado dentro de un centro histórico. Con unas 7 Ha de superficie, delimitado por Via dei Serragli y Piazza Tasso, la monumental zona verde perteneciente a los Torrigiani fue diseñado por los paisajistas Luigi de Cambray Digny y Gaetano Baccani en el s. XVIII, quienes encontraron inspiración en los jardines de estilo inglés del romanticismo. En marcado contraste con el ordenado Boboli (p. 115), el arbolado recinto de Torrigiani está tachonado de símbolos masónicos; resérvese un circuito privado (info@giardinotorrigiani.it) para aprenderlo todo acerca de las ceremonias de iniciación a las que debían someterse quienes deseaban unirse a la masonería en este misterioso parque que conjuga botánica y esoterismo. El límite sur de la finca alberga el delicioso restaurante y coctelería con terraza Serre Torrigiani (p. 131), genial en las largas noches de verano.

Ver el trasiego en Piazza Santo Spirito PLAZA

PLANO: 7 P. 125 **E4**

Bordeada de bares y restaurantes, **Piazza Santo Spirito** es desde antiguo un punto de encuentro nocturno predilecto entre los vecinos de Oltrarno, máxime en los meses más cálidos, cuando las mesas invaden la frondosa plaza dispuesta en torno a una fuente del s. XIX. Al caer la noche, un buen sitio para tomar un trago es Volume (p. 130, PLANO: 8 P. 125 **E4**), donde hay conciertos con frecuencia; para una copa de vino, **Pitta M'Ingolli** (PLANO: 9 P. 125 **E4**); y, si apetece algo delicioso, Osteria Santo Spirito (p. 129, suele haber cola, PLANO: 10 P. 125 **E4**). Para una vista privilegiada de la *piazza* hay que tomar el ascensor del **Hotel Palazzo Guadagni** (PLANO: 11 P. 125 **E5**) hasta la última planta, donde se encuentra el Loggia Roof Bar. El segundo domingo de cada mes se monta un animado mercado de antigüedades a la sombra de la **Basilica di Santo Spirito** (PLANO: 12 P. 125 **F4**), diseñada por el mismísimo Filippo Brune-

LA SPECOLA

Tras una larga restauración, el **Museo della Specola** (PLANO: 6 P. 124 **E6**) reabrió sus puertas en el 2024 en conmemoración del primer centenario de la Universidad de Florencia. El primer centro científico local dirigido al público general es conocido desde antiguo por su preciada colección anatómica de cera, encargada por la casa de Lorena a algunos de los mejores escultores italianos de cera del s. XVIII. Visitado en su día por figuras ilustres como Goethe o el marqués de Sade, este museo de historia natural al estilo de la Ilustración conjuga arte y ciencia, ofreciendo una mirada a las técnicas de investigación del pasado.

lleschi en el s. xv. Dentro pueden verse en detalle sus 38 capillas engalanadas con impresionantes obras de arte, como la *Pala Nerli* de Filippino Lippi (1485-1488), donde se representa la Porta San Frediano. En la sacristía se halla el crucifijo de madera que, al parecer, talló Miguel Ángel cuando apenas contaba 18 años.

Admirar los tesoros de mármol de la Fondazione Salvatore Romano MUSEO

PLANO: 13 P. 125 **E4**

El antiguo **refectorio** de la Basilica di Santo Spirito contiene una magistral colección de esculturas, fragmentos de frescos y ornamentación arquitectónica donados a la ciudad por el anticuario Salvatore Romano en 1946. Los delicados relieves de mármol atribuidos a Donatello y el enorme fresco del s. xiv realizado por Orcagna (en la pared oriental del museo) son motivos de sobra para adentrarse en este maravilloso espacio, con frecuencia pasado por alto.

Ver el prototipo del Duomo de Brunelleschi IGLESIA

PLANO: 14 P. 125 **H4**

Encarada a la ajetreada Via de' Guicciardini, la **Chiesa di Santa Felicità** atesora la opulenta **Cappella Barbadori** (o Cappella Capponi), diseñada por Filippo Brunelleschi en 1420. Y, pese a no ser tan impresionante como otras de sus obras, no hay que subestimar la importancia histórica de este templo, pues con este proyecto experimental el arquitecto trató de demostrar la viabilidad de construir la cúpula del Duomo (p. 40) sin cimbras. La prueba de que lo logró es que, 16 años más tarde, se concluyó el domo que coronaba la Cattedrale di Santa Maria del Fiore. De adornar la capilla sobre el altar se encarga la *Deposizione* (Deposición, 1526-1528) de Pontormo. Hay que insertar 1 € junto al interruptor de la luz para apreciar los vibrantes colores que componen el espectacular óleo.

REAPERTURA DEL CORRIDOIO VASARIANO

Después de ocho años de obras y múltiples retrasos, el Corridoio Vasariano reabrirá sus puertas al público a principios del 2025, aunque únicamente a través de visitas guiadas. Construido como conexión entre el Palazzo Vecchio y el Palazzo Pitti cruzando el Ponte Vecchio, este pasaje elevado se lo encargó Cosme I al legendario arquitecto Giorgio Vasari en 1565 para que la élite dirigente pudiera desplazarse de manera segura entre su residencia y la sede del gobierno. El Corridoio augura una flamante experiencia artística gracias a la colección de esculturas griegas y romanas que se exhibirán en sus 72 ventanas que dan al Arno. Para actualizaciones véase uffizi.it/corridoio-vasariano.

Lo mejor para...

Localizaciones en el plano de la **p. 124**

€ Económico €€ Medio €€€ Alto

Comer

Comida callejera y bocados ligeros

I' Trippaio di San Frediano €
15 B2
Mítica propuesta que despacha bocadillos de *lampredotto*, lengua en salsa verde, callos... Todos los clásicos locales, en definitiva. *10.00-18.00 lu-vi*

Santo Falafel €
16 D4
Para dar tregua a la pasta pruébese este queridísimo local de *falafel* a un paso de Piazza Santo Spirito. El *baklava* puede pedirse para llevar. *11.30-24.00*

RAW €€
17 E4
Fiel a su nombre, este café gira en torno a los nutritivos alimentos a base de plantas que pueden consumirse crudos. Hay *wraps, pizzas,* ensaladas y hamburguesas, además de licuados y *gelato,* todo sin gluten. *11.30-16.00*

Schiaccia Passera €
18 G4
Sandwichería recién llegada que ofrece panes planos calentitos rellenos de una docena de combinaciones distintas. Para comer *in situ* o llevar. *10.00-22.00*

Gelato

La Sorbettiera €
19 B4
Con dos locales en Oltrarno (uno en Piazza Tasso; el otro, en Via Mazzetta), a esta heladería se la conoce por hacer el mejor chocolate negro de la ciudad. *12.30-21.00 lu-sa, 11.00-21.00 do*

Sbrino €
20 D4
En Via dei Serragli, los hiperespecíficos sabores de este establecimiento revestido de madera rinden tributo al origen de los ingredientes empleados para hacer *gelato* artesanal. *13.00-23.00 lu-vi, 12.30-23.00 sa y do*

Gelateria della Passera €
21 G4
El espacio es escaso y la cola perenne en esta galardonada *gelateria* de Piazza della Passera. Riquísimos helados de porciones un poco pequeñas. *12.00-24.00 ma-do*

'Trattorie' y 'osterie'

Osteria Santo Spirito €€
véase 10 E4
Seguro que habrá que hacer cola para comer en esta rústica *osteria* tradicional. Sirven medias raciones, lo que permite probar varios platos sin comer de más. *12.30-14.30 y 19.30-22.00 lu y ju-do*

Il Santo Bevitore €€
22 E3
Salas de iluminación tenue con vistas a Via Santo Spirito a través de grandes ventanales. *Primi* (entrantes) sofisticados, platos principales dominados por la carne y certera carta de vinos. *12.30-14.30 y 19.30-22.30*

Sabatino €
23 A2
Toda una institución de Oltrarno, este restaurante familiar se ha mantenido fiel a sus principios pese a su popularidad. Para sentarse entre lugareños a saborear una cambiante selección de platos toscanos. *12.00-14.30 y 19.15-22.00 lu-vi*

Alla Vecchia Bettola €€
24 A4
De ambiente rústico y con un sabroso repertorio, el paseo se justifica pese a estar un poco a trasmano. Pruébense los *penne alla vodka* antes de hincarles el diente a sus contundentes principales. *12.00-14.30 y 19.30-22.30 ma-sa*

Gurdulù €€
25 E5
Cocina contemporánea con vistas a Via delle Caldaie. Un mostrador al estilo de un *deli* recibe al comensal; dentro esperan pan casero y pastas. *12.00-15.00 y 18.00-23.00, cerrado mi*

Dalla Lola €€
26 D5
Con innovadoras versiones de clásicos toscanos, rompe la tradición para volver a recomponerla en forma de nuevos recuerdos de sabores familiares. *12.00-14.30 ma-sa, 19.30-22.30 mi-vi*

All'Antico Ristoro di' Cambi €€
27 B2
Histórica *trattoria* –en la brecha desde los años cincuenta– conocida por servir uno de los mejores bistecs a la florentina de Oltrarno. *12.00-14.30 y 18.00-22.30*

Café y repostería

La Cité €
28 D2
Su clientela, de corte estudiantil, se pasa las horas leyendo y charlando ante una taza de té o café. *10.00-24.00 lu-ju, 10.00-1.00 vi, 12.00-1.00 sa, 15.00-21.00 do*

Wild Buns €€
29 B3
Para aportar un toque internacional al desayuno hay que acercarse a esta panadería sueca-estonia en Via di Camaldoli, donde el *espresso* italiano se acompaña de un irresistible rollo de canela. *9.00-15.30 ma-do*

Il Conventino €
30 A6
Antiguo convento frecuentado por una inspirada parroquia que se relaja entre libros, revistas y buenas bebidas. *9.00-23.00 ma-do*

Beber

Música en directo y lugares para el 'aperitivo'

Volume
véase 8 E4
Instalado en un antiguo taller de tallado, este bar cobra vida entrada la noche. En su pequeño escenario al fondo suelen sonar grupos locales. *17.00-2.00*

NOF
31 D3
Varias veces por semana tocan bandas locales en el recientemente reformado NOF, el primer bar de música en vivo de Borgo San Frediano. *17.00-2.00 lu-mi, 17.00-3.00 ju, 15.00-3.00 vi y sa, 15.00-2.00 do*

Santarosa Bistrot
32 A1
Escondido detrás de la vieja muralla, este bar con jardín es un sitio genial para un *aperitivo* lejos del bullicio. *8.00-16.30 lu, 8.00-24.00 ma-vi, 10.00-24.00 sa y do*

Cócteles a altas horas

MAD Souls & Spirits

33 D2

Coctelería de barrio que promete magistrales tragos con una pizca de ironía. La estética industrial y sus afables bármanes hacen que uno se sienta como en casa. *18.00-2.00*

Next Door

34 B2

La última incorporación al panorama coctelero de San Frediano es el anexo del restaurante de alta cocina Guné, cuyas creaciones ingeniosamente combinadas apuntan a una clientela entendida. *18.00-1.00 ma-do*

Rasputin

35 F5

El bar secreto que todo el mundo conoce está inspirado en los locales clandestinos de tiempos de la ley seca en el que, pese a todo, se impone reservar mesa los fines de semana. *19.00-2.00*

Serre Torrigiani

36 B6

Instalado en un frondoso rincón del Giardino Torrigiani, este restaurante y coctelería –abierto todo el año– cobra vida en verano, cuando los lugareños buscan una tregua de frescor en el invernadero. *19.00-2.00 ma-sa, 12.30-2.00 do*

Comprar

Artesanía y diseño contemporáneo

Antico Setificio Fiorentino

37 B1

Una de las tiendas en activo más antiguas de la ciudad, con varios telares de mano donde fabrican tejidos finos a la vieja usanza. Solo previa cita.

Giulia Materia

38 F5

Bolsos, estuches, cuadernos... Todos sus pintorescos accesorios están hechos a mano aquí, en Florencia, siguiendo prácticas estrictamente sostenibles. *10.00-19.30 lu-sa, 11.00-19.30 do*

Castorina

39 E3

Marcos, esculturas, muebles y mucho más: sus creaciones hechas a mano en madera abarcan desde lo clásico a lo caprichoso y dan fe de más de un siglo de tradición de talla en Santo Spirito. *9.00-13.00 y 14.00-19.00 lu-vi*

Libros y música

L'Ornitorinco

40 A3

Librería de barrio digna de visitarse por su acogedor café y citas culturales vespertinas. *10.00-13.00 y 15.00-20.00 lu, ma y ju-sa, 11.00-20.00 do*

La Casa Della Stampa

41 F5

Cientos de reproducciones de mapas antiguos, ilustraciones botánicas y dibujos de anatomía realizados en una imprenta tradicional y pintados a mano por Sarubbi Lorenzo. *10.00-19.30 lu-sa*

Todo Modo Dilà

42 D3

Consagrada a las obras ilustradas, la primera librería infantil de Florencia tiene una casa arbórea y talleres semanales de ajedrez. *10.00-13.00 y 15.00-19.00 lu-sa*

Explora la Toscana

Pisa 135
Siena 151

Merece la pena

Recorrer las murallas de Lucca 148
Chianti y alrededores 166
Los encantos de San Gimignano 170

Circuitos a pie por la Toscana

La historia de Pisa 136
Siena y sus *contrade* 152

Sugerencias de lugares para comer, beber y comprar en **p. 145**

Explora Pisa

El Arno secciona el corazón de Pisa en su discurrir hacia el no tan lejano Tirreno: todo un recordatorio de la duradera relación de la ciudad con el mar. Otrora una de las potencias marineras más respetadas de la región, Pisa se convirtió en un importante centro comercial en la Edad Media, cuando su armada recorría el Mediterráneo saqueando ciudades competidoras y adueñándose de riquezas de valor incalculable. Hoy, Pisa alberga el aeropuerto más transitado de la Toscana, y es el primer punto de contacto con la región para muchos recién llegados. Si se le dedica suficiente tiempo, se descubrirá que hay mucho más al margen de la famosa torre, empezando por las angostas calles del casco histórico, con museos de arte contemporáneo, arquitectura renacentista y animadas *piazze* donde se congregan los estudiantes.

Cómo desplazarse

Pisa Mover
Desde el aeropuerto Galileo Galilei, el Pisa Mover es un tren que cubre en 5 min el trayecto hasta la estación de trenes del centro. Los billetes (6,50 €) se compran en las máquinas a tal efecto.

Tren
Si se llega en tren desde Florencia y se planea visitar Piazza dei Miracoli, en vez de en Pisa Centrale habrá que apearse en Pisa San Rossore, a 10 min a pie del Duomo y de la torre de Pisa.

A pie
A casi todas las atracciones del compacto centro de Pisa se llega fácilmente caminando.

Pisa.
SEAN PAVONE/GETTY IMAGES ©

★

LO MEJOR

Visitar el **CAMPOSANTO** (p. 141), un icono artístico de la ciudad.

En el **MUSEO DELLE NAVI ANTICHE** (p. 144), aprender sobre la historia marítima.

Probar *gelato* local en **RUFUS** (p. 146).

Desde las **MURALLAS** (p. 142), admirar vistas fabulosas.

Descubrir arte medieval en el **MUSEO NAZIONALE DI SAN MATTEO** (p. 143).

CIRCUITO A PIE

La historia de Pisa

Tras pasar unas horas explorando los tesoros de mármol de Piazza dei Miracoli, se cruza la ciudad a pie para descubrir las diferentes épocas de Pisa. Arrancando en el extremo norte del centro histórico, se pasa de ver ruinas romanas a contemplar el arte urbano contemporáneo desperdigado por ambas márgenes del Arno.

INICIO	FINAL	DURACIÓN
Bagni di Nerone	Piazza Vittorio Emanuele	2,9 km; 3 h

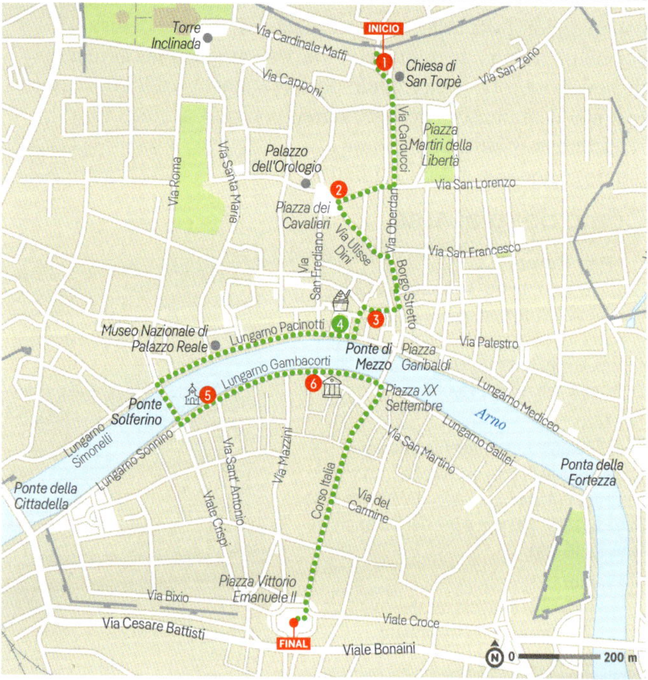

1 Baños romanos

Unos 500 m al este de la Torre Inclinada, junto a la Porta a Lucca (s. XVI), se sitúan los baños romanos del s. I conocidos como **Bagni di Nerone** (baños de Nerón), cuyas ruinas son el último vestigio de la era romana en Pisa. Pese al nombre, se construyeron dos décadas después del fallecimiento del emperador Nerón. Antes de dirigirse al sur, échese un vistazo al interior de la barroca **Chiesa di San Torpé.**

2 Palacio de caballeros y grandes mentes

En Piazza dei Cavalieri se admira la recargada fachada del **Palazzo della Carovana,** diseñado por Giorgio Vasari en 1560. La que fuera la sede de la Orden de San Esteban hoy alberga la prestigiosa Scuola Normale Superiore. Anejo se alza el **Palazzo dell'Orologio** (s. XVII) y la estatua de Cosme I.

3 Plaza del mercado

Cruzando Via Ulisse Dini se llega a Borgo Stretto, principal arteria comercial de Pisa desde el Medievo, jalonada de *loggias* erigidas por encargo de los Medici. Luego se va a **Piazza delle Vettovaglie,** trazada en el s. XVI para alojar el mercado local, que sigue funcionando como tal cada mañana (excepto do), con el aliciente añadido de estar rodeado de vivaces cafés y *trattorie.*

4 Pausa para el helado

Ya en la ribera, se va hacia la derecha para mimarse con un exquisito *gelato* artesanal de la reputada Gelateria De' Coltelli (p. 146). Se pasea cucurucho en mano por Lungarno y, si se tiene tiempo, se visita el **Museo Nazionale di Palazzo Reale** antes de cruzar el río por el **Ponte Solferino.**

5 Maravillas góticas

A tiro de piedra del puente se yergue la **Chiesa di Santa Maria della Spina,** un magnífico ejemplo de la arquitectura gótica de Pisa, que lleva desde 1230 mirando el Arno. Tiempo atrás albergó una espina supuestamente perteneciente a la corona original de Jesús (hoy custodiada en un relicario de la Chiesa di Santa Chiara, en Via Roma).

6 Arte urbano y contemporáneo

Se continúa caminando al este por el río hasta topar con un palacio azul brillante que destaca entre la arquitectura imperante: se trata del **Palazzo Blu,** principal museo de arte contemporáneo de la ciudad. Tras consultar la programación, se toma Corso Italia hasta recalar en Piazza Vittorio Emanuele. Al norte de la plaza se encuentra el mural *Tuttomondo* de Keith Haring y, en Via Pellico, cerca y en sentido contrario, el retrato de Galileo Galilei realizado recientemente por Kobra.

Más información
Imprescindible p. 139
Experiencias p. 143
Comer p. 145
Beber p. 146
Comprar p. 147
0 500 m
Camposanto
Battistero
Duomo
Torre Inclinada
Piazza dei Miracoli
Museo dell'Opera del Duomo
Museo delle Sinopie
Ristoro Pecorino
Piazza Manin
Piazza Arcivescovado
Orto e Museo Botanico
Piazza Cavallotti
Piazza dei Cavalieri
Piazza Santa Caterina
Piazza Martiri della Libertà
Piazza Dante Alighieri
Piazza San Paolo all'Orto
Piazza Garibaldi
Piazza Cairoli
Ponte di Mezzo
Piazza XX Settembre
Piazza Mazzini
Piazza San Matteo in Soarta
Ponta della Fortezza
Ponte Solferino
Arno
Casa Ammannati
Museo Nazionale di San Matteo
Museo Nazionale di Palazzo Reale
Museo degli Strumenti per il Calcolo
Museo delle Navi Antiche
Via Contessa Matilde
Strada Statale
Via Cardinale Maffi
Via Capponi
Via San Zeno
Via Carducci
Via Andrea Pisano
Via Bonanno Pisano
Via F Gabba
Via Risorgimento
Via Savi
Via Roma
Via Santa Maria
Via Don G Boschi
Via della Faggiola
Via Corsica
Via Paoli
Via Volta
Via San Frediano
Via Oberdan
Via Santa Cecilia
Via Fucini
Via San Lorenzo
Via San Francesco
Via Sant'Andrea
Via Buonarroti
Via de Simone
Via Lalli
Via E de Amicis
Borgo Stretto
Via Cavour
Via Palestro
Lungarno Pacinotti
Lungarno Gambacorti
Lungarno Mediceo
Lungarno Galilei
Lungarno Simonelli
Lungarno Sonnino
Viale Crispi
Via Sant'Antonio
Via Mazzini
Corso Italia
Via San Martino

★ IMPRESCINDIBLE

Piazza dei Miracoli

La odisea monumental que representa la Torre Inclinada de Pisa atrae diariamente a miles de personas a Piazza dei Miracoli; eso sí, la plaza Patrimonio Mundial donde se alza el mítico icono ofrece mucho más que el consabido cilindro. Paseando por sus inmaculados jardines se descubrirán algunos de los tesoros de mármol más preciados de la ciudad.

PLANO: P. 138 **C1**

Torre Inclinada

Subir los 251 escalones hasta lo alto del indiscutible emblema local puede resultar inquietante, pues pareciera que la **torre** está a punto de caerse. Sin embargo, la estructura -de 56 m de altura- lleva inclinada desde sus inicios; no en vano, ya en la Edad Media hubo arquitectos que en 1178 (cinco años después de que comenzara su construcción) se percataron de que la torre se estaba hundiendo. Las obras terminaron en 1370, pero no logró estabilizarse hasta finales del s. xx. Y, aunque la torre es famosa por su error de diseño, de estar erguida seguiría siendo un impresionante ejemplo de arquitectura románica.

Duomo

También conocido como Cattedrale di Santa Maria Assunta, el milenario **Duomo** de Pisa se erige en el símbolo románico de la ciudad. Clara influencia para muchas iglesias toscanas posteriores, su construcción comenzó en el año 1063 en conmemoración de la exitosa expedición lanzada a Sicilia por la armada de Pisa. De hecho, como reza en el epígrafe junto a la entrada, muchos de los materiales empleados en su construcción fueron adquiridos durante aquel viaje. Su cúpula elíptica se incorporó en 1380, y en el 2018 se finalizó una exhaustiva restauración de su interior, con la que se le devolvió el lustre a su artesonado dorado.

CONSEJO

Su número limitado de entradas diarias hace que convenga reservar la franja horaria con antelación para subir a la torre. Se tarda media hora en subir y bajar del 8º piso. Solo se permite entrar con cámaras; nada de bolsos ni mochilas.

Escanea este código QR para precios, horarios y demás.

DALIU/GETTY IMAGES©

VISITA AL DUOMO
La entrada al Duomo es gratis, pero hay que mostrar un tique, ya sea de cualquier otro reclamo de Piazza dei Miracoli o una invitación que entregan en el mostrador de venta de entradas allí mismo.

Museo dell'Opera del Duomo

Repartida en 26 salas, la vasta colección del **Museo dell'Opera del Duomo** atesora las preciosas esculturas que en tiempos adornaban la catedral. La fornida Porta di San Ranieri, hecha en bronce en el s. XII por Bonanno Pisano (una de las contadas obras que sobrevivieron al incendio de 1595) marca la pauta a la entrada del museo. Dentro aguardan esculturas de Nicola y Giovanni Pisano, además de una colección de mobiliario litúrgico medieval. La *loggia* goza de unas vistas fabulosas de la torre de Pisa.

Battistero di San Giovanni

Delante del Duomo se alza el circular **Battistero,** construido en 1152 y, hasta la fecha, el más grande del mundo. Nicola Pisano fue el artífice –en el

s. XIII– de algunos de sus elementos más destacados, entre ellos el ornamentado púlpito de mármol de Carrara, con escenas del Nuevo Testamento. Vale la pena subir a la galería superior para admirar con el eco que produce su doble cúpula.

Camposanto

El monumental **cementerio** de Piazza dei Miracoli se creó en 1277 como última morada de las clases dirigentes de Pisa. Sus tumbas y capillas estuvieron embellecidas con obras de arte de valor incalculable hasta que una granada estadounidense incendió el camposanto durante la II Guerra Mundial. Pese a que algunos de los sarcófagos grecorromanos expoliados por marineros pisanos se mantuvieron incólumes, casi todas las pinturas que adornaban el claustro quedaron prácticamente destruidas. Su restauración no comenzó hasta pasados 60 años del fin de la contienda. La más impresionante de cuantas obras se redescubrieron es *Il Trionfo della Morte,* un fresco de 84 m², firmado por Buonamico Buffalmacco, en el que un grupo de demonios asalta indiscriminadamente a gente de todas las clases sociales: un claro recordatorio de la vulnerabilidad del ser humano.

Museo delle Sinopie

Para entender mejor el proceso creativo de los frescos renacentistas hay que visitar este fascinante **museo** que exhibe una rara colección de *sinopie,* es decir, los bocetos realizados sobre las paredes con un pigmento rojizo antes de aplicar la capa final de pintura. Muchas de las obras inacabadas expuestas en este espacio se recuperaron de la Opera della Primaziale Pisana durante la restauración del cementerio llevada a cabo en el 2009, e incluyen bosquejos de artistas tales como Benozzo Gozzoli (autor de la florentina Cappella dei Magi, p. 37), Taddeo Gaddi y Spinello Aretino.

UNA PAUSA

La oferta de restaurantes en los aledaños de Piazza dei Miracoli se ve influida por el flujo turístico. Un buen sitio para comer pasta cerca es **Ristoro Pecorino,** con versiones vegetarianas y sin gluten de platos tradicionales. Para un opíparo bocadillo toscano, váyase a **L'Ostellino** (p. 145), algo más retirado.

Murallas

Una de las vistas más espectaculares que existe de Piazza dei Miracoli es la que ofrecen las **murallas** medievales de Pisa. Con una extensión de unos 3 km, se levantaron en varias etapas entre 1154 y 1284, y se sitúan entre las más antiguas de Italia que se conservan íntegramente. Se puede dar un paseo por la estructura almenada de 11 m de altura, con inicio en Piazza dei Miracoli y final en Piazzetta del Rosso. Las entradas (5 €) se compran allí mismo; los días de lluvia o mucho viento cierra por motivos de seguridad. Hay tres puntos de acceso (Torre di Legno, Torre Piezometrica y Torre di Santa Maria) y pueden visitarse con silla de ruedas.

TRABANTOS/SHUTTERSTOCK ©

EXPERIENCIAS

Ver arte medieval en el Museo Nazionale di San Matteo MUSEO

PLANO: 1 P. 138 **E4**

Pese a custodiar una de las colecciones de arte medieval más valiosas del país, el **Museo Nazionale di San Matteo** no recibe la atención que debiera. Sus preciadas pinturas y esculturas –realizadas entre los ss. XI y XVI por artistas como Masaccio, Beato Angelico, Benozzo Gozzoli, Nicola y Giovanni Pisano, Donatello y Michelozzo, entre otros– se exhiben en un antiguo convento benedictino fundado en el s. XI. Cerrado lunes.

Pasear entre maravillas botánicas JARDÍN

PLANO: 2 P. 138 **C2**

Ofreciendo una agradable tregua al calor estival, el **Orto e Museo Botanico** es un oasis urbano en el que se funden naturaleza e historia. Inaugurado en 1543 por el naturalista Luca Ghini por encargo de Cosme I, figura entre los jardines botánicos universitario más antiguos del mundo. Cedros centenarios, suculentas traídas de África y Latinoamérica y hierbas medicinales circundan el **Palazzo delle Conchiglie** (palacio de las Conchas, s. XVIII), sede de su museo, donde se revela la historia de la investigación botánica a través de una vasta colección herbaria.

Ir tras los pasos de Galileo HISTORIA

PLANO: 3 P. 138 **E3**

El polímata Galileo Galilei nació en Pisa en 1564, y la ciudad todavía homenajea orgullosa al astrónomo renacentista. Yendo por Via Giusti, se verá una placa en la **Casa Ammannati** que indica el lugar donde nació el célebre científico. Se observará otro letrero en **Borgo Stretto,** en el Palazzo Bocca, donde vivió a principios del s. XVI el padre de Galileo, el compositor Vincenzo Galilei. En el cercano **Palazzo della Sapienza** enseñó matemáticas y desarrolló las teorías astronómicas en las que se basa su tratado *Sidereus nuncius (Mensajero sideral)*. Galilei también se encaramó de lo alto de la torre del **Museo Nazionale di Palazzo Reale** (PLANO: 4 P. 138 **C3**) para dirigir sus telescopios al cielo nocturno. En tiempo reciente, el antiguo matadero municipal se ha reconvertido en la Cittadella Galileana, que incluye el **Museo degli Strumenti per il Calcolo** (PLANO: 5 P. 138 **A3**), donde se muestran instrumentos e inventos utilizados en labores de investigación astronómica por los herederos intelectuales de Galilei; reviste gran interés la Calculadora Electrónica Pisana, la primera máquina de este tipo diseñada y construida en Italia.

Descubrir los antiguos barcos perdidos de Pisa MUSEO

PLANO: 6 P. 138 **B4**

Durante unas excavaciones llevadas a cabo en 1998 cerca de la estación de trenes de San Rossore de Pisa, aparecieron ocho naves romanas que llevaban siglos bajo tierra, muy bien conversadas, de entre los ss. III a.C. y VII d.C., amén de decenas de fragmentos de otros barcos utilizados por los pisanos durante su apogeo como potencia marítima. El hallazgo constituye el núcleo de la colección del **Museo delle Navi Antiche di Pisa,** alojada en el antiguo arsenal de los Medici. Con más de 800 piezas, el museo pone de relieve la relación de la ciudad con el mar a través de objetos usados por aquellos marinos que surcaban incansables el Mediterráneo. Cerrado lunes.

Pedalear por San Rossore PARQUE

PLANO: 7 P. 138 **A1**

Con 230 km^2, el **Parco Naturale di Migliarino San Rossore Massaciuccoli** es una reserva de la biosfera de la Unesco que da cobijo a caballos, jabalíes, ciervos y raros chorlitos: criaturas que, en conjunto, coexisten entre fauna mediterránea. Lo mejor es alquilar una bici en el centro de visitantes de San Rossore y adentrarse en su enorme pinar. El elemento central del parque es la **Tenuta di San Rossore,** de 30 km^2, antiguo coto privado de caza de los Medici y, posteriormente, de la dinastía Lorena.

Al aproximarse a la costa desde el centro de visitantes por alguno de los muchos itinerarios posibles (como la pintoresca Via del Gombo) pueden llegar a verse incluso dromedarios, que habitan estos bosques desde principios del s. XVII, cuando el beylicato de Túnez obsequió al gran duque de la Toscana, Fernando II, con el primer espécimen.

UN DÍA DE PLAYA

Cuando uno considere que la dosis de cultura es suficiente, será el momento de cambiar el centro de Pisa por el entorno natural a su alrededor. A la cercana costa llega el autobús nº 10, que cubre el trayecto a **Marina di Pisa** en media hora, donde cabe darse un chapuzón o simplemente ver los *trabocchi* (plataformas sobre pilotes utilizadas para pescar) de la Bocca d'Arno (desembocadura del Arno). Algo más apartada (pero accesible en tren) se encuentra **Torre del Lago,** una larga playa de arena con pinares que se extienden hacia Viareggio, al norte.

Lo mejor para...

Localizaciones en el plano de la **p. 138**

€ Económico €€ Medio €€€ Alto

Comer

'Panini' y comida callejera

L'Ostellino €
8 C2
La sandwichería más célebre de Pisa tiene una fama más que merecida. Y es que hacer cola para probar su pan recién horneado a rebosar de deliciosos rellenos toscanos está justificado de sobra. Opciones veganas y vegetarianas, además. *11.00-16.30 lu-vi, 11.00-18.00 sa y do*

Porci Comodi €
9 C3
A un paso de Piazza dei Cavalieri, sirve bocadillos para llevar y reparadores estofados acompañados de una copa de vino. *11.00-22.30*

ArtBurger €
10 C4
Para disfrutar de una hamburguesa aderezada con arte contemporáneo solo hay que conseguir mesa en la terraza de este establecimiento frente al mural pintado en la calle por el artista Keith Haring. *12.00-15.00 y 19.00-23.00, cerrado ma*

'Trattorie' y 'osterie'

Pane e Vino €€
11 D4
Representando en Pisa los sabores del montañoso norte de la Toscana y la verde Maremma, sirve charcutería, pasta y carnes con caldos cuidadosamente seleccionados. *18.30-23.30 mi y ju, 12.15-15.00 y 18.30-23.30 vi-do*

Trattoria da Stelio €€
12 C3
Stelio ha pasado casi toda su vida en esta incombustible *trattoria* con una clientela que, tras medio siglo, no para de crecer gracias a sus platos de toda la vida. *12.00-15.00 lu-vi*

Al Bagno di Nerone €
13 D1
Aunque se anuncia como una pizzería, aquí se va a probar la *cecina* (torta de harina de garbanzos típica de la costa toscana). *12.00-14.30 y 18.30-23.30 lu, 12.00-15.00 y 18.30-23.30 mi-do*

Osteria dei Cavalieri €€
14 D2
Los elogios de un sinfín de críticos gastronómicos lo dicen todo: esta veterana *osteria* conjuga encanto clásico con sublimes platos de mar y tierra. *12.15-14.15 y 19.45-22.30 lu, ma y ju-sa, 19.45-22.30 mi*

Cantina Vasari €€
15 C2
Alta cocina sin alardes en Via dei Mille, ideal para quienes buscan cenas sofisticadas sin pecar de experimentales en exceso. Una larga carta de vinos complementa su cambiante menú de temporada. *12.00-14.30 y 19.00-22.00*

Numeroundici €
16 D4
Nada de reservas, nada de menús fijos y nada de florituras: tras pedir en el mostrador, se busca un sitio donde disfrutar de algún plato del día de este histórico restaurante.

12.00-22.30 lu-vi, 19.00-22.30 sa

Trattoria Sant'Omobono €€

17 D3

Mítica *trattoria* de Piazza Sant'Omobono que parece estar sostenida por la columna corintia situada en medio del comedor. Delicioso abanico de platos tradicionales. *12.30-14.30 y 19.30-22.00*

Osteria di Culegna €€

18 D3

Con exquisitos raviolis y una amplia selección de principales de carne, esta *osteria* familiar es una apuesta segura para probar cocina toscana bien ejecutada. *12.30-15.00 y 19.30-22.30 ma-sa*

'Gelato' artesano y café de especialidad

Rufus €

19 E2

La leche ecológica de vaca local es el ingrediente clave de esta *gelateria* artesanal en Piazza Martiri della Libertà; vale la pena probar sus sorbetes de frutas, sobre todo en verano. *12.30-19.30*

Gelateria De' Coltelli €

20 D3

Establecida heladería ribereña que sirve sabores de temporada preparados exclusivamente con productos autóctonos crudos y frescos. *12.00-19.30*

Filter Coffee Lab €€

21 C3

El desayuno, el *brunch* o el almuerzo son excusas más que válidas para detenerse en el primer café de especialidad de Pisa a probar bocados de inspiración internacional, además de *espressos* y cafés con hielo preparados con esmero. *8.00-16.00 lu-vi, 9.00-16.00 do*

Volta Pagina €

22 D4

Apacible café literario bajo un bello techo abovedado, que acostumbra a albergar noches de poesía y música en directo. *15.00-24.00 ma-vi, 12.00-24.00 sa y do*

Il Caffè dei Cavalieri €€

23 C2

Tras desayunar algo ligero, se puede volver al atardecer para entonarse con una copa de *prosecco* antes de cenar. *19.30-20.00 lu-ju, 19.30-21.00 vi y sa*

Beber

Cerveza artesana y vinos locales

Scaccomalto

24 D2

La gente acude por la cerveza artesana y se queda por la comida. La decoración es casera, lo mismo que sus deliciosas cervezas. Pruébese la negra Boy Scout. *18.00-1.00 do-ju, 18.00-1.30 vi y sa*

L'Etrusco

25 E2

Guste el vino o la cerveza, l'Etrusco tiene algo para todos los paladares. Sus bebidas seleccionadas de pequeños productores son la introducción perfecta a los muchos sabores de la Toscana. *17.00-1.00 lu-ju, 17.00-2.00 vi, 12.00-2.00 sa, 12.00-1.00 do*

Orzo Bruno

26 D3

Cerveceros con más de dos décadas de experiencia y media docena de variedades de barril. No hay que perderse sus muchas *sessions*. *18.00-1.00 lu-ju y do, 18.00-13.30 vi y sa*

La Dolce Vite

27 D4

Esta *enoteca* en una serena *piazza* invita a acompañar una gran selección de vinos toscanos con suculentas *bruschettas*. *17.30-24.00 lu-sa*

Cócteles

Jeffer

28 E4

Entre moderna y llamativa, la mejor coctelería de Pisa está en Lungarno, a minutos del centro. Genial para tomarse la última. *18.00-1.00*

Punte Party

29 D3

Personal simpático, cócteles baratos y buena música. Este bar tienta con estimulantes aperitivos antes de cenar. *18.00-1.00 lu-ju y do, 18.00-1.30 vi y sa*

Via Vai

30 D3

Para redondear la visita a la ciudad con una sesión de catas de vinos o sencillamente para saborear un cóctel de inspiración internacional. Cerca de Piazza Cairoli. *17.30-1.00 ma-do*

Comprar

Recuerdos y mercados

Il Vecchio Forno

31 D3

Panadería que lleva 30 años horneando dulces tradicionales, incluidos sus ricos *cantucci*. *10.00-14.00 y 17.00-20.00 lu-sa*

Mercato delle Vettovaglie

32 D3

El mercado histórico de Pisa se monta a diario (excepto do) en la céntrica Piazza delle Vettovaglie. *19.30-14.00*

Mercato di San Martino

33 E4

Los miércoles y sábados por la mañana, Via San Martino se llena de puestos de ropa de segunda mano, objetos *vintage* y accesorios varios.

Libros y música

L'Orsa Minore

34 D3

Atractiva librería independiente especializada en literatura de viajes y mapas, a tiro de piedra de Borgo Stretto. *16.00-21.00 lu, 10.30-21.00 ma-do*

La Galleria del Disco

35 D3

Céntrica tienda de música con vinilos raros y nuevos, además de CD, DVD y camisetas de grupos. *9.00-19.30 lu-sa, 11.00-19.30 do*

Joyería y cerámica

Luna Nuova

36 D3

Taller en Piazza Sant'Omobono especializado en joyería hecha a mano que evoca los paisajes y vistas de la campiña toscana. *10.00-13.00 y 16.00-19.30 ma-sa*

Keramì

37 B3

Gestionado por la asociación cultural Cobalto, hace las veces tanto de taller de cerámica como de espacio de exposiciones de artistas locales. *14.00-19.00, cerrado ma y do*

★ MERECE LA PENA

Recorrer las murallas de Lucca

La encantadora Lucca es la única ciudad toscana que jamás cayó en manos de los Medici, logrando prosperar en la Edad Media como importante cruce de caminos en la antigua ruta de peregrinación de la Via Francigena. Independiente hasta finales del s. XVIII, su carácter inconfundible emerge nada más penetrar en su imponente muralla. En Lucca hay restos de época romana, iglesias góticas y románicas, villas barrocas y espacios de arte contemporáneo.

CONSEJO
Cada 20 min salen de la estación de Santa Maria Novella (Florencia) trenes regionales con destino a Lucca (aprox. 1¼ h, 8,40 €).

Escanea el código QR para precios, horarios y demás.

Murallas

Defensa del casco histórico durante más de 500 años, las **murallas de Lucca,** erigidas en el s. XVI y con una altura de 12 m, son de las mejor conservadas de Europa. Están cubiertas parcialmente de fronda y, además de ser uno de los lugares favoritos para la *passeggiata* vecinal, pueden explorarse en bici. **Biciclette Poli** (biciclettepoli.com) alquila bicicletas para recorrer su paisajístico sendero de 4 km de largo.

Cattedrale di San Martino

El **Duomo** de Lucca, un fascinante ejemplo de arquitectura románica, es desde la Edad Media objeto de peregrinación. Su fachada del s. XI, compuesta por tres pórticos que dan a la estatua de san Martín, esconden el **Volto Santo:** un Cristo sobre la cruz esculpido entre los ss. VIII y IX.

Las torres del poder

En época medieval había más de 250 torres en Lucca, muestra de la riqueza de las competitivas familias locales. Solo se conservan dos: la **Torre delle Ore** y la **Torre Guinigi.** La primera, de 50 m de altura, tiene unas escaleras que ascienden detrás del mecanismo de su reloj creado en el s. XVIII por ingenieros suizos. La segunda está coronada por siete robles y es 5 m más corta que la anterior.

ISTVAN KADAR PHOTOGRAPHY/GETTY IMAGES ©

Piazza dell'Anfiteatro

Bordeada de bares, cafés y restaurantes, esta **plaza** elíptica no tiene parangón en la Toscana. La construyó Lorenzo Nottolini en el s. XIX sobre las ruinas de un anfiteatro romano del s. I o II y, como la entrada se realiza a través de cuatro pequeñas puertas, la primera impresión resulta sorprendente.

Palazzo Pfanner

No hay que irse sin visitar este elegante **palacio** barroco erigido en el s. XVII para una familia de comerciantes de seda. Tras subir la escalinata monumental que lleva al vestíbulo central, decorado con frescos pintados por Pietro Paolo Scorsini en 1720, se recorren las estancias adornadas con antigüedades antes de salir a su jardín repleto de formas geométricas.

PAUSA PARA EL ALMUERZO

Una buena opción es **Gli Orti di Via Elisa,** con platos de temporada (incl. *pizzas gourmet*) con ingredientes locales, servidos en un acogedor espacio entre la Torre Guinigi y la Porta Elisa.

Sugerencias de lugares para comer, beber y comprar en **p. 164**

Explora Siena

La hermosa Siena atesora un núcleo medieval perfectamente conservado y arte de clase mundial. Como si de un museo de arte gótico al aire libre se tratara, en esta conmovedora y compacta ciudad se pueden visitar sus principales puntos de interés en una excursión de un día desde la capital toscana. Ahora bien, para disfrutar de sus profundas singularidades y el trasfondo que yace bajo su colección de emblemas medievales y fuentes de piedra alimentadas por antiguos *bottini* (acueductos), lo ideal es una semana. La localidad consta de 17 *contrade* (barrios), divididos en tres *terzi* o zonas históricas (Città, San Martino y Camollia). Cada *contrada* tiene su propia capilla, emblema, lema y colores, que se celebran anualmente durante el desenfrenado Palio. Siena ofrece mucho más de lo que se aprecia a simple vista.

Cómo desplazarse

Autobús

Al llegar desde Florencia se baja en Piazza Gramsci (donde paran varias líneas). Dado que las máquinas rara vez funcionan, los billetes se deberán comprar de regreso en Florencia (9,30 €), en la Tabaccheria La Lizza. Calcúlense 10 min a pie hasta Piazza del Campo por Via dei Montanini.

Tren

La estación queda 2 km al norte del centro. Para llegar hay que subir las *scala mobile* (escaleras mecánicas) hasta Viale Vittorio Emanuele y seguir a pie, o bien ir en bus desde la estación a Piazza del Sale (casco antiguo).

Siena.

PETR JILEK/SHUTTERSTOCK ©

★

LO MEJOR

Contempla el espectacular **DUOMO** (p. 155).

Descansa en la cinemática **PIAZZA DEL CAMPO** (p. 159).

Observa el legendario **IL PALIO** (p. 161).

En **MUSEO DELLA CONTRADA PRIORA DELLA CIVETTA** (p. 161) admirar artefactos históricos.

Probar el legado culinario en **IL MAGNIFICO** (p. 162).

CIRCUITO A PIE

Siena y sus 'contrade'

El tamaño diminuto y el terreno ondulado de esta maravilla medieval pueden sorprender. Recorriendo sus diferentes *contrade* (barrios), el viajero tomará conciencia de la orografía de la ciudad y de la disposición de su entramado de calles, plazas y *vicoli* (callejas), tejidas en torno a Piazza del Campo.

INICIO	FINAL	DURACIÓN
Croce del Travaglio	Duomo	2,5 km; 2 h

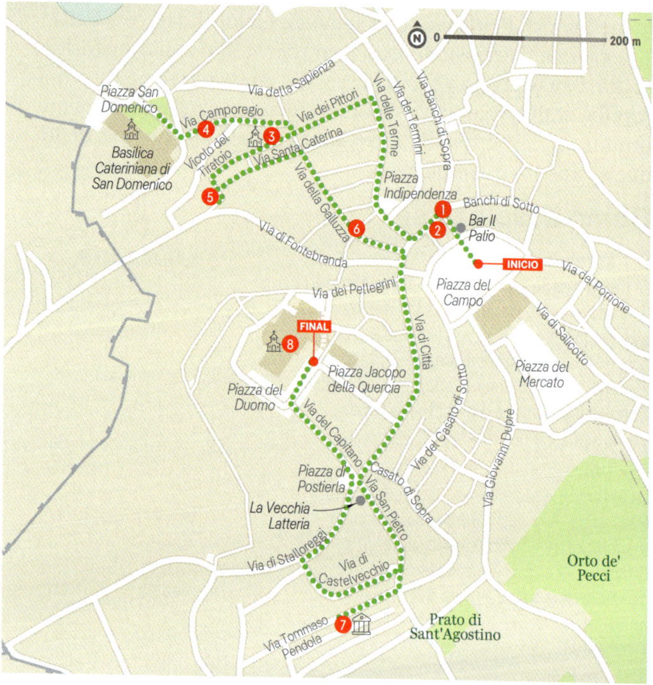

1 Orígenes

Se comienza remontando las escaleras junto al Bar Il Palio hasta **Croce del Travaglio,** encuentro de las tres calles principales de Siena: Via di Città, Banchi di Sopra y Banchi di Sotto. La ruta de peregrinación de la Via Francigena discurre por aquí desde el s. IX.

2 ¡Bienvenidos, peregrinos!

Desde 1428 se empezó a recibir a los peregrinos que llegaban a Siena en la **Loggia della Mercanzia,** con esculturas de san Pedro y san Pablo realizadas por Il Vecchietta bajo las bóvedas pintadas al fresco.

3 Casa de Catalina de Siena

Superado el repecho de Via delle Terme, se tuerce a la izquierda por Via dei Pittori, que baja hasta el **Santuario Casa di Santa Caterina,** donde nació santa Catalina (1347-1380), patrona de Italia. Ojo al patio porticado y sus floridos atrios.

4 Vistas bucólicas y cabeza de Catalina

Tras subir las escaleras de Costa Sant'Antonio, se gira a la izquierda por la arcada de Vicolo Campaccio, atajo hacia Via Camporegio, con vistas de ensueño de los amontonados tejados sieneses. Para ver la cabeza de santa Catalina y su cadena de flagelación, se sigue hasta la **Basilica Cateriniana di San Domenico.**

5 Barrio de ocas

Se serpentea por Vicolo del Tiratoio hasta Fontebranda, una piscina bajo arcos góticos. Las ocas de las fachadas recuerdan que estamos en la **Contrada dell'Oca,** cuya capilla está en el nº 9 de Via Santa Caterina.

6 La calle más bonita de Siena

Se va en pendiente, pasando por la sucesión de casas de ladrillo pintadas de Via Santa Caterina. Se tuerce a la derecha por **Via della Galluzza,** viejo barrio de tintoreros. Destacan las arcadas de entre el Medievo y el s. XIX de esta pronunciadísima calleja.

7 Al rico 'gelato'

Luego hay que unirse a los lugareños que hacen cola en La Vecchia Latteria (p. 164) para tomar el mejor helado de Siena. Via San Pietro, su calle, está salpicada de talleres de artistas, y en Via Tommaso Pendola se encuentra el cautivador **Museo della Contrada della Tartuca** (¡sí, este es el barrio de las "tortugas"!). No hay que perderse la historiada fuente bautismal (en cada *contrada* hay una).

8 Elegancia arquitectónica

Se traza un bucle en dirección norte hacia el Duomo, por la empinada Via de Castelvecchio y la elegante Via Stalloreggi (en el nº 91 está el **antiguo taller** de Duccio di Buoninsegna).

Más información
Imprescindible p. 155
Experiencias p. 161
Comer p. 164
Beber p. 164
Comprar p. 165
A
B
C
D
1
2
3
4
5
6
0
200 m
Piazza Gramsci
Viale Federico Tozzi
Via dei Montanini
Via della Stufa Secca
Via di Vallerozzi
Viale dello Stadio
Piazza Matteotti
Via Pianigiani
Piazza Salimbeni
Via dei Rossi
Viale Curtatone
Via del Paradiso
Via della Sapienza
Piazza Provenzano Salvani
Piazza San Domenico
Via Camporegio
Via dei Pittori
Via Santa Caterina
Via delle Terme
Via dei Termini
Via Banchi di Sopra
Piazza Tolomei
Museo della Contrada Priora della Civetta
Condominio Bardini
Basilica Cateriniana di San Domenico
Via della Galluzza
Piazza Indipendenza
Banchi di Sotto
Bar Il Palio
Via di Fontebranda
Piazza San Giovanni
Fonte Gaia
Piazza del Campo
Via di Pantaneto
Torre del Mangia
Sinagoga di Siena
Via dei Pellegrini
Costarella dei Barbieri
Battistero di San Giovanni
Via di Vallepiatta
Via Franciosa
Duomo
Cripta
Torre delle Sette Seghinelle
Palazzo Pubblico
Vic delle Scotte
Via del Porrione
Complejo catedralicio
Libreria Piccolomini
Museo dell'Opera Metropolitana
Via del Poggio
Via di Città
Piazza del Mercato
Via di Salicotto
Piazza di Selva
Porta del Cielo
Spedale di Santa Maria della Scala
Piazza del Duomo
Via del Castoro
Via del Capitano
Via del Casato di Sotto
Via Giovanni Duprè
Via del Sole
Via Porta Giustizia
Piazza di Postierla
Casato di Sopra
Via San Pietro
Pinacoteca Nazionale
Piazza delle Due Porte
Via Paolo Mascagni
Via di Stalloreggi
Via di Castelvecchio
Orto dei Pecci
Via S Agata
Prato di Sant'Agostino
Via dei Fontanella
Via Tommaso Pendola
Pian dei Mantellini
Via delle Cerchia
Orto Botanico
Via Pier Andrea Mattioli
1
2
3
4
5
6
7
8
9
10
11
12
13
14
15
16
17
18
19
20
21
22
23
24
25
27
28
29
30
31
32
33
34

★ IMPRESCINDIBLE

Complejo catedralicio de Siena

El Duomo de Siena es una de las catedrales góticas más despampanantes de Italia. Centro de un espectacular complejo eclesiástico (bajo la mirada de la Opera della Metropolitana di Siena) que incluye un museo, un baptisterio y una cripta, todo está embellecido por un despliegue artístico que alcanza su máxima expresión con el mar de mosaicos que cubre el suelo del templo.

Cattedrale di Santa Maria Assunta

PLANO: P. 154 **B4**

Conjugando elementos románicos y estética gótica, la elaborada fachada de mármol de la **catedral** tardó casi 600 años en construirse. Giovanni Pisano empezó las obras en 1287 con tres monumentales pórticos rematados por tímpanos góticos, y en 1296 se mudó a Pisa sin concluir su joya revestida de mármol en tonos verdes, rosas y blancos. Su majestuoso interior, en el que se prolonga la temática a rayas, fascina con sus llamativas columnas, paredes y pilares blanquinegros.

CONSEJO
Para verlo todo se necesitará algo más de medio día. A quienes vayan por libre se les aconseja adquirir una rentable entrada combinada (16 €, validez: 3 días).

Libreria Piccolomini

Una puerta del pasillo norte de la catedral conduce a esta encantadora **biblioteca** concebida para albergar los libros de Enea Silvio Piccolomini, el papa Pío II. Sus paredes están adornadas con minuciosos frescos pintados entre 1503 y 1508 por Bernardino (di Betto) Pinturicchio, en los que se representan escenas de la vida de Piccolomini, incluida su ordenación como sumo pontífice. Cerca, en el altar de Piccolomini, aguardan cuatro esculturas de santos obra de un joven Miguel Ángel. Hay quienes consideran que la efigie de san Pablo es un autorretrato del artista, con la nariz rota en referencia a la

Escanea este código QR para precios, horarios y demás.

SUTTIPONG SUTIRATANACHAI/GETTY IMAGE

lesión que, preso de los celos, le infligió el también escultor Pietro Torrigiano.

El púlpito de Pisano

Yendo por la nave se observará el exquisito **púlpito** de mármol y pórfido –toda una obra maestra de la escultura gótica– creado entre 1265 y 1268 por Nicola Pisano, el talentoso artista que antes había tallado el del Duomo de Pisa (p. 139). Ayudado por su hijo Giovanni y su asistente Arnolfo di Cambio, Pisano plasmó vigorosas y realistas escenas multitudinarias, como el *Juicio Final*.

Mosaicos del suelo

Uno de los atractivos estrella de la catedral es su **pavimento con incrustaciones de mármol.** Por increíble que parezca, la creación de los enormes

56 paneles precisó la participación de 40 artistas –todos sieneses salvo Pinturicchio– que ejecutaron la obra entre los ss. XIV y XIX, plasmando relatos históricos y del Antiguo Testamento en una variedad de formas geométricas talladas en mármol negro, blanco, verde, rojo y azul, valiéndose de dos técnicas: el *graffito* (creación de imágenes mediante la aplicación de trozos de mármol blanco cincelados con líneas y agujeros rellenados de escayola negra y brea) y la *intarsia* (técnica utilizada para crear mosaicos con incrustaciones de mármol). Téngase presente que el suelo solo se descubre por completo entre junio y septiembre; el resto del año permanece parcialmente cubierto.

Porta del Cielo

No hay como ver los mosaicos con el circuito de la **Porta del Cielo,** que recorre la azotea y la cúpula del Duomo (cerrado ene y feb) ofreciendo inigualables panorámicas del interior y el exterior de la estructura. Hay varias salidas al día en grupos de 18 personas; las entradas han de comprarse con bastante antelación en línea o en la oficina de Santa Maria della Scala.

Battistero di San Giovanni

Las impresionantes vistas que regalan las escaleras ubicadas detrás de la catedral y que llevan al **baptisterio,** pintado al fresco, son fascinantes. En el centro de este se sitúa una fuente bautismal hexagonal (c. 1417) realizada en mármol por Jacopo della Quercia, decorada con paneles de bronce que plasman la vida de san Juan Bautista a cargo de artistas como, p. ej., Lorenzo Ghiberti (*Bautismo de Cristo* y *San Juan en prisión;* 1427) y Donatello (*Festín de Herodes;* 1427).

Cripta

Lo que se conoce como **cripta** era en realidad un centro de acogida para los peregrinos medievales

UNA PAUSA
La barra del diminuto **Caffe Fiorella** (p. 164) es genial para disfrutar de un café y un *cornetto* (cruasán) entre lugareños. El café *granita* con una cucharada de nata es una delicia.

ACCADEMIA MUSICALE CHIGIANA
El Duomo acoge todos los años dos reputados festivales de música clásica: el **Micat in Vertice** (nov-may) y el **Chigiana International Festival** (jul-ago).

que recorrían la Via Francigena, quienes accedían a las salas situadas debajo de la catedral para apreciar el ciclo de frescos bíblicos del s. XIII que engalanaba sus paredes. Estas estancias, que se llenaron de escombros a principios del s. XIV, fueron redescubiertas en 1999. Que no estuvieran expuestos a la luz del sol garantizó la conservación de sus vivos colores. *La Pasión de Cristo* y *La Crucifixión* son magistrales.

Museo dell'Opera Metropolitana

Repleto de obras originalmente expuestas en el Duomo, su **colección** incluye 12 estatuas de profetas y filósofos (1285-1287) realizadas por Giovanni Pisano para decorar la fachada (las que se observan en la actualidad son réplicas). Son notables también los soberbios vitrales diseñados y pintados por Duccio di Buoninsegna (1287-1290), y su impresionante **'Maestà'** (*Majestad;* 1308-1311), un retablo pintado por ambos lados para el altar mayor. En el lado principal se observa a la Virgen rodeada de ángeles y santos; por la parte posterior, 26 escenas incompletas de la Pasión de Cristo.

★ IMPRESCINDIBLE

Piazza del Campo

La primera parada en Siena debe ser esta icónica *piazza* inclinada a la que popularmente se conoce como Il Campo. Fue un mercado romano y, desde mediados del s. XII, cuando gobernaba el Consiglio dei Nove (Consejo de los Nueve), es el punto de encuentro preferido de la ciudad.

Arquitectura

Nexo de los tres *terzi* (zonas históricas) de la ciudad, la **Piazza del Campo** es desde la Edad Media el centro de la vida política y social en Siena. Desde el gótico **Palazzo Pubblico** (ayuntamiento), en su flanco sur, el pavimento de ladrillos rojos se despliega como un abanico formado por nueve segmentos, uno por cada miembro del *consiglio* (consejo) de la República medieval. Hoy es un espacio de socialización, donde comerse un *panino* o sencillamente donde contemplar la inconfundible arquitectura. La monumental **Fonte Gaia** (1419), en su extremo norte, es una réplica decimonónica de la original de Jacopo della Quercia.

Torre del Mangia

Para una maravillosa vista de Il Campo hay que subir a la **torre del reloj** (1348), de 87 m. Su nombre ("torre del devorador") se debe al campanero del s. XIV Giovanni di Balduccio, apodado *mangia guadagni* ("comeganancias") por su fama de despilfarrador.

Una pausa

Pocas cosas superan tomarse un *spritz* a última hora de la tarde en una terraza del sur de la plaza (p. ej, en **Bar Il Palio**); para cenar sale a cuenta alejarse.

Museo Civico

El **Cortile del Podestà** (patio del primer magistrado) del Palazzo Pubblico es la antesala a este res-

PLANO: P. 154 **C3**

CONSEJO
En días despejados, las vistas desde la Torre del Mangia son insuperables. A distintas horas del día se apreciará el teatral juego de luces protagonizado por el sol.

Escanea este código QR para precios, horarios y demás.

LAURIE CHAMBERLAIN/GETTY IMAGES ©

plandeciente museo cuyas salas lucen elaborados frescos de artistas de la escuela sienesa. Encargados por el gobierno local, varios frescos –curiosamente– ilustran temas seculares. Acaparan todas las miradas la **'Maestà'** (1315) de Simone Martini y, en la **Sala dei Pace** (cerrada por reformas al escribir estas líneas), la *Alegoría del buen y del mal gobierno* (c. 1338-1340) de Ambrogio Lorenzetti.

Costarella dei Barbieri

La panorámica más fotogénica de la plaza la ofrece esta empinada **vía peatonal** que va de la plaza a Via di Città. Si se mira hacia arriba se verán las cuatro ventanas con parteluz que engalanan la **Torre delle Sette Seghinelle,** erigida en el s. XIII por la familia Accarigi. Transcurrido un siglo, la incorporaron a su nueva residencia, el Palazzo Accarigi.

Admirar arte sienés en la Pinacoteca Nazionale GALERÍA DE ARTE

PLANO: 1 P. 154 **B5**

La mejor colección de pintura sienesa que existe se muestra en el refinado **museo** del Palazzo Buonsignori (s. XIV). Alojada aquí desde 1932, su grueso lo amasó el abad Giuseppe Ciaccheri en el s. XVIII sin otro propósito que salvar de la destrucción la obra de los primitivos sieneses. Abarca los ss. XIII-XVIII y custodia obras maestras góticas de Duccio di Buoninsegna, Simone Martini, Lippo Memmi, Taddeo di Bartolo, y Pietro y Ambrogio Lazzeretti. En la 1ª planta, dedicada al Renacimiento sienés, despuntan los óleos de Giovanni di Paolo y Antonio Bazzi. La sala 30 exhibe los diseños de Domenico Beccafumi para los mosaicos del pavimento del Duomo.

Asistir al legendario Palio CARRERA DE CABALLOS

La cita más señalada del año para cualquier sienés es esta trepidante carrera de **caballos** que se remonta al Medievo. Aderezado con vistosos desfiles, el evento se disputa en Piazza del Campo (p. 159) el 2 de julio y el 16 de agosto. En él compiten 10 de los 17 *contrade* (barrios) de Siena, que luchan por hacerse con el codiciado *drappellone*, un singular estandarte rectangular pintado cada año por un artista distinto.

El día de la carrera, desde aproximadamente las 17.00, representantes de cada *contrada* desfilan vestidos con trajes típicos, enarbolando su correspondiente emblema. Posteriormente, durante un frenético minuto, los 10 caballos (sin montura) y sus jinetes dan tres vueltas a una pista de tierra preparada exprofeso, con una violencia y un ímpetu verdaderamente desconcertantes. Si un jinete llegara a caerse, podría terminar ganando si su caballo rebasara la meta el primero. Para ver el Palio (19.45 jul, 19.00 ago) *in situ,* en medio del gentío, hay que llegar a la plaza con varias horas de antelación.

Conocer los antiguos rituales del Palio en el Museo della Contrada Priora della Civetta MUSEO

PLANO: 2 P. 154 **C3**

Los días previos al Palio están cargados de rituales con siglos de tradición. El sublime **Museo della Contrada Priora della Civetta,** en Via Cecco Angiolieri, es el sitio perfecto para conocer de primera mano cómo prepara la carrera la *contrada* de Civetta.

La entrada es con donativo, y, si se tiene suerte, un voluntario del museo guiará al viajero por sus laberínticas salas unidas por angostas escaleras. Contiene trajes, tambores, banderas y escudos con el emblema de Civetta, utilizados durante el histórico desfile que precede a cada carrera. Hay un listado que honra a los 37 ganadores de

Civetta entre los años 1581 y 2014 (cuando logró su última victoria). También pueden verse los establos donde preparan a los caballos, la capilla donde se les bendice antes de la carrera y el patio desde donde parten hacia el Campo.

Darse un dulce capricho en Il Magnifico PANADERÍA

PLANO: 3 P. 154 **B4**

Lorenzo Rossi es el mejor **panadero** de Siena y sus tradicionales *panforte* (tarta de almendras, miel y frutas escarchadas), *ricciarelli* (galletas blandas de almendras con azúcar por encima) y *cavallucci* (tiernas galletas aromatizadas con anís y otras especias) son parte de la compra semanal para muchas familias sienesas. Basta hacer cola en este establecimiento situado detrás del Duomo para entender por qué. Un dulce típico durante el carnaval son sus *ciambellini* (rosquillas de azúcar). Y en noviembre se lleva la palma su tradicional *pan coi santi* (pan dulce sienés, a base de frutas, vino tinto y almendras, cuya masa ha de reposar durante 24 h antes de cocinarse al horno de leña).

Seguir a los peregrinos hasta el Spedale di Santa Maria della Scala MUSEO

PLANO: 4 P. 154 **A4**

Se puede seguir la senda de los antiguos peregrinos que transitaban fatigosamente la Via Francigena de camino a Roma en este **viejo hospicio** del s. x, en el que hasta 1980 se siguió prestando servicio a personas necesitadas. El monumental complejo es hoy un museo que presenta las extraordinarias riquezas artísticas donadas a lo largo de los siglos por acaudalados mecenas y benefactores. En el **Pellegrinaio** (sala de los Peregrinos) se admirarán vívidos frescos pintados por reputados artistas sieneses del s. xv, incluidos Lorenzo di Pietro (Il Vecchietta) y Priamo della Quercia. El evocador *Il governo degli infermi* (1440-1441), de Domenico di Bartolo, recrea una escena de las muchas buenas obras y labores que aquí se llevaban a cabo. También puede verse aquí la *Fonte Gaia* original de Piazza del Campo, realizada por Jacopo della Quercia.

Ver Siena al ocaso MIRADOR

PLANO: 5 P. 154 **A3**

Al atardecer toca dirigirse hacia la austera mole del xiii de la **Basilica Cateriniana di San Domenico** y, algo más allá, el **Belvedere di San Prospero en Viale XXV Aprile** (PLANO: 6 P. 154 **A2**), que brinda una inigualable vista de la puesta de sol sobre las pintorescas agujas, torres y tejados de terracota de la romántica Siena. Para redondear la experiencia, pídase un *spritz* en la terraza del **Prosperino Bistrot** (PLANO: 7 P. 154 **A2**), cuyo encanto queda realzado por la escultura de 3 m de Andrea Roggi *Circle of Life* ("Círculo de vida"; 2017). El romanticismo continúa cenando en **Quarto Bistrot** (PLANO: 8 P. 154 B3), un espléndido establecimiento con mesas en un patio –alejadas del bullicio– en la recoleta Vicolo Campaccio. Su cocina toscana moderna viene dictada por exquisitos productos de mar y tierra. Muy recomendable el cóctel *Siena sunset*.

Aprender acerca de la Siena judía

SINAGOGA

PLANO: 12 P. 154 **D4**

La historia de la comunidad judía local (hoy compuesta por apenas 50 personas) se puede conocer con los informativos circuitos organizados por el **Museo Ebraico,** sito en la sinagoga askenazí, que tras una anodina fachada llegó a atender a una comunidad de 500 miembros. En activo desde 1731, su interior de estilo rococó –con una distintiva gama cromática verdiblanca– recuerda al de una ornamentada iglesia. Se alza sobre el antiguo gueto de Siena, creado por Cosme I en 1571 y que estuvo operativo hasta 1859. Los circuitos se reservan en línea (jewishsiena.it).

Cocinar 'pici' caseros en Fonte Giusta

CLASE DE COCINA

PLANO: 13 P. 154 **A1**

Fonte Giusta Academy permite descubrir el magistral arte en torno a la elaboración de *pici* (espaguetis gruesos), salsas rebosantes de sabores de temporada y crujientes *cantucci* (galletas de almendra), todo ello para relamerse. Al lado de la *trattoria* homónima –donde se maduran durante 40 días grandes piezas de ternera de Chianina–, la escuela de cocina familiar es el orgullo de la familia Chiarelli, cuyas dotes culinarias y recetas tradicionales se remontan a varias generaciones.

LAS MEJORES ZONAS VERDES

Orto Botanico

PLANO: 9 P. 154 **C6**

Para sumirse en la tranquilidad, este jardín botánico, inaugurado en la universidad en 1748 y trasladado a su localización actual en 1856, bucólicas vistas del valle de Sant'Agostino.

Orto dei Pecci

PLANO: 10 P. 154 **D5**

Llevado por una cooperativa que proporciona empleo a gente con discapacidades o con problemas de dependencia, este oasis urbano del s. XIII incluye un viñedo, una granja ecológica y un 'jardín medieval' cuyas hierbas se utilizan en su restaurante.

Fortezza Medicea

PLANO: 11 P. 154 **A1**

Es posible escapar de las masas en la fortaleza de Siena del s. XVI, erigida por Cosme de Medici y transformada en parque público en el s. XVIII tras haber sido un cuartel militar. Genial para hacer un pícnic con vistas.

SUGERENCIAS

Lo mejor para...

€ Económico €€ Medio €€€ Alto

Localizaciones en el plano de la **p. 154**

Comer

'Pici', 'ribollita' y 'salumi'

Osteria Il Grattacielo €
14 B2
Con sitio para apenas 16 comensales, el restaurante familiar más antiguo del lugar sigue siendo tan modesto como el día que abrió en 1840. Su nombre hace referencia a su singular techo bajo. *12.00-15.00 y 19.30-22.30 lu-sa, 12.00-15.00 do*

Osteria La Sosta di Violante €€
15 D3
Ribollita, ragù di capocollo (con cerdo cortado a cuchillo) y bistecs mandan en esta rústica *osteria* de ladrillo rojo con fotos de caballos. *12.30-15.00 y 19.30-22.30 lu-sa*

Enoteca I Terzi €€
16 B3
Los lugareños acuden atraídos por los *salumi* (embutidos) y *pici cacio e pepe* (espaguetis gruesos caseros en salsa de pimienta negra y pecorino) en esta vinoteca de ladrillo. *12.30-15.00 y 19.30-23.00 lu-sa*

Osteria da Trombicche €
17 B2
Encanto clásico, desparpajo y conciencia ecológica se funden con tino en esta *osteria* donde paladear lengua de ternera en salsa *ponzu*, *tortelli* de cordero y caracoles, y *ramen* toscano. *19.30-22.00 lu, 10.00-22.00 ma-do*

Trufas, ternera y 'porcini'

Pier Pettinaio €€
18 C3
Todo un clásico entre los asistentes al teatro desde los años treinta, este elegante restaurante junto al Teatro dei Rinnovati sirve platos sofisticados aderezados con frutas toscanas de primerísima calidad. *12.30-14.30 y 19.30-22.30*

La Taverna di San Giuseppe €€€
19 C5
Favorito local de refinada cocina fundamentada en la tradición y la creatividad toscanas. Pídase ver su cava (una casa etrusca del s. III a.C.). *12.00-14.30 y 19.00-22.00 lu-sa*

'Gelato'

La Vecchia Latteria €
20 B5
Fabio y Francesco elaboran y sirven *gelati* de refrescantes frutas o irresistibles sabores cremosos en su *gelateria* artesana próxima a la Pinacoteca Nazionale. *12.00-23.00, hasta 20.00 invierno*

Venchi €
21 B3
Las tinas de chocolate derretido negro y con leche y avellanas del escaparate son una tentación irresistible. Para mimarse con un crep o un *gelato*. *10.00-22.00*

Beber

Café y dulces

Caffè Fiorella
22 C3
Diminuto tostadero local, a un paso del Campo,

donde desayunar un ligerísimo *cornetto* con un *espresso* en la barra. *7.00-19.00 lu-sa*

Nannini

23 C3

Esta histórica *pasticceria* con un espacioso café es desde 1886 una apuesta segura para tomar un buen café acompañado de dulces tradicionales. *7.30-22.00*

Cerveza artesana y cócteles

Du Cose da Berna

24 B3

Originales cócteles hechos con ginebras toscanas, vermú Etrusco Nero, IPA... De todo hay en este relajado café-bar con una larga carta de *panini* no menos creativa. *11.30-23.30 lu-ju, hasta 1.00 vi y sa*

Chigian Art Café

25 C4

Música en vivo (desde *jazz* y *rock* a clásica) y cócteles en el idílico patio de la Accademia Musicale Chigiano. *11.00-20.30*

Bottega Roots

26 D4

La cerveza artesana es la bebida de referencia de este animado bar en pleno barrio estudiantil; cada tanto se programan conciertos. *18.30-2.00, desde 12.30 do*

Comprar

Arte y artesanía

Angela Carli

27 B5

La artista sienesa Angela Carli superpone iconos modernos sobre lienzos a base de revistas y periódicos de los años cincuenta con los que crea audaces piezas de *pop-art*. Sus últimas obras pueden verse en Via Stalloreggi. *11.30-18.00 lu-vi*

Trame di Storia

28 B4

Fulares, gorros y jerséis figuran entre las vistosas prendas de angora, alpaca, cachemira o seda confeccionada en este tradicional taller con telares. *Horario variable.*

Brocchi 1815

29 D4

Una aldaba de bronce puede parecer una compra inverosímil pero las piezas hechas por Brocchi son atractivas, auténticas y a precios razonables. *9.00-18.00 lu-vi*

La Fabbrica delle Candele

30 B4

Las velas hechas a mano –de tamaños, formas y aromas dispares– son la especialidad de este fabricante en plena Via dei Pellegrini. *10.00-19.00*

Sandra Kern

31 A5

Difícilmente se encontrará una colección de echarpes de seda pintados a mano más encantadora y colorida.

Il Galeone

32 B2

El Duomo de Siena, la historia medieval y la campiña toscana son parte de la inspiración de la atrevida joyería hecha a mano por Giovanna Giudici. *10.00-13.00 y 14.30-19.30 lu-sa*

Comida y bebida

Antica Drogheria Manganelli

33 C4

En la brecha desde 1879, esta selecta *drogheria* (tienda de comestibles) es insuperable para surtirse de pastas, mermeladas, vinos y dulces. *9.30-19.30 lu-sa*

Campagna Amica

34 B2

Cooperativa repleta de productos agrícolas, aceite de oliva, pescados, quesos, vinos y panes horneados allí mismo, más porciones de *pizza* y *panini* para llevar. *9.00-13.00 y 16.00-19.30*

★ MERECE LA PENA

Chianti y alrededores

Para alejarse del barullo citadino de Florencia basta disponer de dos o cuatro ruedas y poner rumbo a este aletargado paisaje toscano dominado por viñedos y olivares, granjas de piedra, espesos bosques, villas renacentistas y arrebatadores castillos levantados en la Edad Media. Bienvenidos a Chianti, una tierra que se saborea sin prisas.

CONSEJO
El bus n°365A (at-bus.it) va de la florentina Stazione Leopolda al núcleo de transportes de Greve, en Chianti, 30 km al sur; con vehículo propio, explorar Chianti es más fácil y grato.

Escanea el código QR para más información sobre Chianti.

Antinori nel Chianti Classico

No hay como sumergirse en el centro histórico y espiritual de la actividad vinícola de Chianti en este **complejo de bodegas,** sorprendentemente contemporáneo, excavado en una ladera cubierta de viñedos, 28 km al sur de la capital toscana. Hasta 26 generaciones de la legendaria familia Antinori llevan más de 600 años dedicándose al vino. Las visitas guiadas (1½-2½ h; 45-180 €) incluyen catas en una sala acristalada, suspendida sobre las barricas de la cava. Se termina en el restaurante de la azotea, **Rinuccio 1180,** incomparable marco campestre para saborear cocina toscana.

Badia a Passignano

Apenas 10 min por carretera más al sur se revela una estampa de lo más fotogénica: la **abadía benedictina de Vallombrosan,** del s. XI, también gestionada por la dinastía Antinori. Tras visitar su histórica iglesia e instalaciones, maravilla el bucólico panorama antes de probar los caldos de Antinori en su *enoteca* o en la aledaña **Osteria di Passignano** (con una estrella Michelin).

Panzano in Chianti

Puesta en el mapa turístico por el aclamado carnicero local Dario Cecchini, esta **localidad cimera,** 10 km al sur de Badia a Passignano, es parada obligada para los carnívoros que transiten la **Via**

KOKOPHOTOS/SHUTTERSTOCK ©

Chiantigiana (ruta clásica entre Florencia y Siena que discurre por la Strada Statale 222). Se le puede hincar el diente a una *bistecca* (bistec) preparada a la perfección en la **Officina della Bistecca,** su local principal; o bien salirse de lo habitual con un suculento *panino* de ternera de **Cecchini Panini Food Truck,** carretera arriba, junto a la SR222. La experiencia culinaria se puede aunar con la visita a **Pieve di San Leolino** (s. x), una de las iglesias rurales más bellas de Chianti, encaramada a un cerro a las afueras de Panzano in Chianti, con obras de Giovanni della Robbia.

PAUSA PARA EL ALMUERZO
Se puede deleitar el paladar en el **Bar Ucci** o en el tradicional **Ristorante La Bottega,** ambos en el coqueto pueblo cimero de **Volpaia.**

Ruta ciclista de L'Eroica

Hay que dejar atrás el asfalto y dejarse llevar por la legendaria **Eroica,** una ruta circular para bicicleta que sale de **Gaiole in Chianti.** La primera edición de la mítica carrera apenas contó con 92 participantes, que recorrieron sobre bicis antiguas unos demoledores 209 km con 3700 m de desnivel por caminos de tierra. Hoy en día, más de 7000 ciclistas se reúnen el primer domingo de octubre en la pequeña Gaiole para participar en una de las pruebas de ciclismo *amateur* más apasionantes del mundo. Hay que ir ataviado con un maillot *retro* y montar una bici anterior a 1987. L'Eroica se puede recorrer por libre en cualquier época del año.

Alquilan bicicletas (convencionales, eléctricas, de montaña, de carretera, antiguas) en **Il Bicilettaio** (bicyclesinchianti.com) y venden los emblemáticos *maillots* y demás accesorios conmemorativos de la carrera en la atractiva tienda **La Bottega** (bottegagaiole.it).

MARCO BICCI/SHUTTERSTOCK ©

Castello di Brolio

Unos 10 min al sur de Gaiole in Chianti en coche (45 min en bici), esta es la **finca vinícola** más antigua de Italia y una de las más influyentes de Chianti. Hogar de la aristocrática familia Ricasoli desde 1141, este castillo neogótico pasó de baluarte defensivo a innovadora bodega en el s. XIX, cuando el barón Bettino Ricasoli experimentó con distintas variedades de uva hasta que dio con la fórmula ganadora del Chianti Classico: 70% sangiovese, 20% canaiolo, 10% malvasia. En la visita al castillo lo cuentan (desde 30 €, cata incl.; resérvese plaza).

Castello di Ama

Serpenteando 12 km hacia el oeste por las ctras. SP484 y SP408 se recala en esta **explotación agrícola** del s. XII, donde convergen siglos de tradición vinícola y vanguardista arte contemporáneo en un lugar único (viñedos, hotel-*boutique*, restaurante, parque escultórico). Circuitos previa reserva.

Villa Bordoni

Otrora hogar de ricos mercaderes florentinos, esta arrebatadora **villa** patricia es un sitio fantástico para aprender a cocinar *pappa al pomodoro*, pastas caseras y demás clásicos. Clases de cocina al margen, el hotel-*boutique* conquista con sus vistas bucólicas del valle del Greve y su irresistible encanto sosegado.

KM Zero Tours

Es posible explorar más en profundidad con Ariana y Alessio, de **KM Zero Tours.** Esta pareja afincada en **Valigondoli,** entre Panzano y San Casciano, propone circuitos para grupos reducidos en los que el visitante conoce a su amplia red de amigos, agricultores y pequeños productores dedicados a conservar las viejas tradiciones del campo.

VIN SANTO

Si se visita la región durante la vendimia (sep) se verán los resplandecientes tonos fogosos de las vides y las uvas blancas malvasía y trebbiano puestas a secar antes de producir el codiciado y dulcísimo Vin Santo.

★ MERECE LA PENA

Los encantos de San Gimignano

Al llegar desde Florencia o Siena, las 14 torres de esta población etrusca cimera asoman recordando a una suerte de Manhattan medieval. Ahora bien, más allá de sus callejas abarrotadas se encontrarán una evocadora arquitectura, arte y vino de primera, y un espíritu medieval conservado intacto.

CONSEJO
Hay que calcular 1¾ h de trayecto en autobús (nº 131) desde Florencia, con trasbordo en Poggibonsi (nº 130); horarios disponibles en at-bus.it. En coche, 1 h, aprox.

Escanea el código QR para más información sobre San Gimignano.

Paseo medieval

Dos anillos concéntricos de murallas defensivas de los ss. x y xiii abrazan el centro histórico, parada de los fieles que en la Edad Media se dirigían a Roma por la Via Francigena. Tras acceder al casco antiguo por la **Porta San Giovanni** (1262), se aprende acerca de la historia en lo alto de la **Torre e Casa Campatelli,** en la comercial **Via San Giovanni,** antes obnubilarse ante la sublime **Sala di Dante,** donde el poeta se dirigió al consejo municipal en 1299, en el **Palazzo Comunale** (s. xiii). Luego, se suben los 218 escalones de la **Torre Grossa,** con vistas de la localidad y las colinas circundantes.

Huella renacentista

El Renacimiento dejó huella en esta población asolada por la peste negra en 1348. En la **Chiesa di Sant'Agostino** (s. xiii) se admira, en el coro, el ciclo de frescos de Benozzo Gozzoli que ilustra la vida de san Agustín y, en la pared norte, una imagen del santo protegiendo a los vecinos durante la peste de 1464. El artista también firmó los frescos del **Duomo** (románico) y del **Museo Civico** (en el Palazzo Comunale), donde puede verse *L'Annunciazione* (1482) de Filippino Lippi.

Degustaciones epicúreas

Si es jueves por la mañana habrá que peinar el **mercadillo** de *piazze* Cisterna, Duomo y delle Erbe

CANADASTOCK/SHUTTERSTOCK ©

en busca de *zafferano* (azafrán). Después se sube hasta el decrépito armazón de una fortaleza del s. XIV para otear el valle y los viñedos. Luego se catan los vinos de la **Vernaccia di San Gimignano Wine Experience.** No hay que dejar de probar el helado de crema di Santa Fina de la galardonada **Gelateria Dondoli.**

Arte moderno

Acaba el día en la **Galleria Continua,** uno de los mejores espacios de arte comercial de Europa, consagrada a artistas contemporáneos de relumbrón, como Ai Weiwei o Daniel Buren, en cuatro escenarios: un cine suprarreciclado, una torre medieval, una cava abovedada y un apartamento del casco antiguo. Pídase un plano del circuito autoguiado por nueve obras de arte por el pueblo, entre ellas *Yellow Girl* de Kiki Smith y *Underground* de Anish Kapoor.

PAUSA PARA EL ALMUERZO

Se puede regar una generosa *bruschetta* con cerveza artesana patria en **Echoes** o maridar clásicos toscanos con caldos en la cava de un *palazzo* en **San Martino 26,** ambos a 5 min del Duomo.

Guía práctica

Viajar en familia 174
Alojamiento 175
Comida, bebida y fiesta 176
Comunidad LGTBIQ+ 178
Salud y seguridad 179
Turismo responsable 180
Accesibilidad 182
Lo esencial 183
Idioma 184

San Rossore, Pisa (p. 144).
ANDREA PUCCI/GETTY IMAGES ©

Viajar en familia

Recorrer Florencia con niños no está exento de desafíos, pues hay que planificar las visitas a la descomunal oferta de museos de arte e iglesias que atesora la ciudad. Eso sí, en el peor de los casos siempre está el *gelato*.

¿Es Florencia un buen destino con niños?

Para peques a partir de 6 años, los museos y monumentos de Florencia ofrecen torres para escalar, ciencia interactiva, búsquedas del tesoro entre arte, trenecitos y artilugios voladores... Hay varias empresas florentinas especializadas en circuitos para grupos reducidos que apuntan a familias, como Curious Appetite (¡para probar helados!), Freya's Florence, Context Travel y Molly McIlwrath.

TRANSPORTE

Con menos de 1 m de altura se viaja gratis en el tranvía de Florencia. En los trenes a Pisa y Lucca, los viajeros de 4-12 años pagan la mitad, y los menores de 4 años no pagan si no ocupan plaza.

Comer fuera

Los niños son bien recibidos en todas partes. En verano, las familias suelen salir a cenar en torno a las 21.00. Los menús infantiles son una rareza, pero no hay *trattoria* ni *ristorante* que no tenga unos cuantos primeros a base de pasta. Otra opción es hacer como los lugareños y pedir pasta *al pomodoro* (con salsa de tomate) o *pasta in bianco* (con aceite de oliva).

Tarifas

Los menores de 18 años entran gratis en los museos estatales. En el resto, de 4-12 años pagan el 50% y con menos de 4 años entran gratis.

MUS.E

Circuitos temáticos y actividades animan el Palazzo Vecchio, el Palazzo Strozzi y otros museos de MUS.E.

Bebés y niños pequeños

Las abarrotadas calles empedradas y las estrechas aceras dificultan moverse con un cochecito, y contados restaurantes tienen zonas habilitadas para dejarlos. Conviene llevar mochila portabebés.

Alojamiento

En Florencia hay de todo: desde albergues marchosos y pensiones familiares a B&B, hoteles-*boutique* y lujosos hoteles en *palazzi*. Es fundamental reservar con mucha antelación.

Si te gusta...

Arte, arquitectura y compras de diseño

Del Duomo a Piazza della Signoria (p. 33)
Corazón medieval y vía comercial más exclusiva de la ciudad. Hoteles-*boutique* en *palazzi* renacentistas y casas históricas. Refinada oferta gastronómica.

Frenesí y ambiente urbano

Santa Maria Novella (p. 61) Centro de transportes con tranvías/trenes a los aeropuertos de Florencia/Pisa. Hoteles económicos, oferta comercial, emblemática iglesia y un gran club nocturno.

Mercados baratos y legado Medici

San Lorenzo y San Marco (p. 75) Ambiente universitario y sabores toscanos en estos dos barrios cohesionados, donde hay excelentes albergues y *trattorie* rentables. El *David* es su mayor baza.

Vida nocturna y coctelerías

Santa Croce y Sant' Ambrogio (p. 93) Algo retirados del turismo. Puntal del ocio nocturno y epicentro de la comunidad LGTBIQ+. Los florentinos adoran sus cafés, bares y mercado.

Romanticismo rural

Fiesole (p. 90)
A un corto trayecto en autobús o en bici del centro, entre arboladas callejas en las colinas. Hoteles palaciegos en villas con vistas fantásticas.

IMPRESCINDIBLE

Nos encanta...

Oltrarno (p. 121)
En la otra margen del Arno, tiene un aire más campestre. Sus vistosos hoteles-*boutique* y un albergue con teatro y coctelería quedan cerca de olivares y jardines con solera. Junto al río se agrupan talleres de artistas, cafés con terraza y geniales bares que aportan un contagioso estilo distendido.

CUÁNTO CUESTA

Cama en dormitorio colectivo **35 €**

Habitación doble de hotel: desde **90 €**

Habitación doble de alta gama **250 €**

Comida, bebida y fiesta

'Coperto'

Al comer fuera, la cuenta suele incluir el *coperto* (cubierto; 1-3 € por persona), que a su vez incluye una cesta de pan (toscano, por regla general, es decir, sin sal). El agua mineral cuesta otros 2 € más, ya sea *frizzante* (con gas) o *naturale* (sin gas).

CÓMO PREGUNTAR...

¿Es sin gluten?
È senza glutine?
¿Lleva frutos secos?
Contiene arachidi?
¿Tienen alguna opción vegana?
C'è un'opzione vegana?

¡SIN CARNE, POR FAVOR!

Por más que la *bistecca alla fiorentina* sea todo un emblema regional, comer sin carne es un placer con platos como la *pappa al pomodoro* (crema de pan y tomate). Algunos de los mejores vegetarianos son **Il Vegetariano** (p. 87), **RAW** (p. 129) y **Brac** (p. 102). **Sbrino** (p. 129) destaca por su *gelato* vegano, mientras que **Caffe Cortese 900** (p. 71) tiene tartas y dulces veganos.

Alergias e intolerancias

Aunque en los menús debería figurar cualquier tipo de alérgeno, conviene indicarlo al pedir para que no haya dudas.

CÓMO SE DICE

Soy alérgico a...
Sono allergico a...
frutos secos/ cacahuetes *noci/arachidi*
marisco *frutti di mare*
lácteos *latticini*
gluten *glutine*

Cómo pagar la cuenta

La cuenta solo se trae a la mesa cuando se pide o es hora de cerrar. Lo indicado es decir al camarero: *"Il conte, per favore"*.

Dividir la cuenta En los restaurantes es habitual pagar *"alla romana"*, es decir, a partes iguales entre los comensales. Basta dividir el importe e indicar al camarero lo que va a pagar cada uno. Para facilitar las cosas es preferible que todos paguen en efectivo o con tarjeta.

Propinas Aunque muchos florentinos no dejan propina a los camareros, los visitantes acostumbran a dejar el 10% de la cuenta si no se cobra el cubierto.

PRECIOS

Los indicadores usados se refieren al precio medio de una comida con dos platos (*antipasto/primo* y *secondo*), copa de vino de la casa y *coperto* incluidos.

€ hasta 25 €
€€ entre 25 y 45 €
€€€ más de 45 €

HORARIOS

Cafés 7.30-20.00
Restaurantes 12.00-14.30 y 19.00-22.30
'Trattorie' 12.00-14.30 y 19.00-21.00 lu-vi; algunas, solo almuerzo
Bares/'pubs' 16.00-1.00 o 2.00
'Enoteche' 12.00-21.00

Salir

'Aperitivo' Esta sagrada costumbre previa a la cena es la excusa perfecta para alternar con amigos cóctel o copa de vino en mano mientras se pica algo. Los *crostini* (montaditos) gustan mucho, en especial los de *lardo di colonnato* (manteca de cerdo). Otra opción es pedir una *tagliere* (tabla) surtida de *salumi*, quesos o ambos.

Cena La última comida del día ocupa buena parte de la noche. Siempre más agradable al fresco, consta de un mínimo de tres platos: *antipasto* (entrante), *primo* (primer plato), *secondo* (segundo plato) y *dolce* (postre), seguido de café (*espresso*, por supuesto).

Cócteles y marcha El descarado panorama coctelero de Florencia empieza a bullir a última hora de la tarde, con los *aperitivi*, y se intensifica tras la cena. Las coctelerías abren hasta las tantas, lo mismo que los bares amenizados por DJ y con música en vivo, como el **Rex** (p. 89). Las grandes discotecas, como **Tenax,** están a las afueras, salvo **Space Club** (p. 72).

CUÁNTO CUESTA...

Un 'espresso' en la barra/mesa 1,20/2,50 €

Un 'spritz' 7-10 €

Copa de Brunello di Montalcino 12 €

Entrecot 40/kg €

Bocadillo de 'lampredotto' en un puesto 6,50 €

Un 'panino' para llevar 4-7 €

Plato de pasta de 'pici al ragù' 7-15 €

'Gelato' 2,50 €

Comunidad LGTBIQ+

Florencia es una de las ciudades de mentalidad más abierta de Italia y su comunidad LGTBIQ+ se muestra muy activa. A principios de julio se celebran las fiestas del Orgullo.

Actividades y recursos

Love My Way (lovemyway.it) Cenas, *aperitivi*, fiestas, salidas a discotecas, talleres de arteterapia...: esta asociación LGTBIQ+, con un importante componente social, va mucho más allá de proporcionar un valioso espacio seguro y apoyo a la comunidad.

Toscana Pride (toscanapride.eu) Verdadero referente local en la lucha por los derechos LGTBIQ+; consúltese su programación de proyecciones, charlas y fiestas.

Altri Passi (facebook.com/groups/altripassi) Grupo de senderismo para personas LGTBIQ+ por la Toscana.

Azione Gay e Lesbica (azionegayelesbica.it) Trabaja activamente por la defensa de los derechos de la comunidad en Florencia, la Toscana y más allá.

ArciGay Firenze (arcigayfirenze.it) Sección florentina de la mayor organización LGTBIQ+ de Italia, presente también en Siena y Pisa.

IREOS Centro Queer (ireos.org) Organización de voluntarios con centro de salud y de documentación (18.00-20.00, lu-vi).

IMPRESCINDIBLE

Barrio LGTBIQ+

La marchosa Santa Croce cuenta con dos bares LGTBIQ+ y montones de bares *gay-friendly*. Los DJ animan el cotarro hasta las 2.00 de jueves a sábados en **Piccolo Cafè,** que suele llenarse a partir de las 23.30. Otro punto de encuentro tradicional de la comunidad es **Queer,** con predilección por la música estadounidense.

NOCHES DE FIESTA

En sep-may, los búhos LGTBIQ+ bailan hasta el alba en **Icon.** Y atentos a las fiestas, conciertos y espectáculos de *drags* de **Mamamia in Florence.**

FLORENCE QUEER FESTIVAL

En septiembre tiene lugar este festival internacional de arte LGTBIQ+ con proyecciones de películas, exposiciones de fotografía y espectáculos. La programación está en línea.

Queer Tuscany Tours

Ahondar en la historia local de la comunidad LGTBIQ+ durante un paseo guiado por Florencia (queertuscanytours.com) con relatos de índole homosexual sobre la corte de los Medici o sobre extranjeros LGTBIQ+ que visitaron la capital toscana en el Grand Tour.

Salud y seguridad

Florencia es pequeña y segura, pero siempre hay que usar el sentido común. Se debe llamar al 112 de necesitar a la policía.

SEGURO

Aunque no se exige para viajar a Italia, se aconseja contratar un seguro con amplia cobertura médica y con cancelación de vuelos. Los ciudadanos de la UE pueden solicitar la tarjeta sanitaria europea (TSA), que acredita el derecho a recibir atenciones sanitarias gratuitas.

Vendedores ambulantes

En la zona ribereña junto a los Uffizi y en otros puntos de gran concentración turística, no hay que sentirse intimidado por los insistentes vendedores ilegales de *Davides* en miniatura, palos de selfi y paraguas de mala calidad, y toda clase de cachivaches. Suelen ser inofensivos y normalmente basta con decirles "no" con educación para que se alejen. No hay que comprar entradas en la calle ni a ningún vendedor que anuncie "entradas sin colas"; se deben usar siempre los canales de venta oficiales.

Agua del grifo

Pese a la insistencia de los italianos en beber agua embotellada, el agua del grifo es potable.

Calor extremo y mosquitos

Suele haber olas de calor en julio y agosto. Llamando al 1500 avisan sobre posibles temperaturas extremas, que pueden alcanzar los 40°C. En tal caso, se aconseja permanecer en lugares frescos entre las 10.00 y 18.00, y llevar un sombrero y ropa holgada. El calor húmedo del verano normalmente viene acompañado de mosquitos.

CARTERISTAS

Los carteristas se concentran en torno al mercado de San Lorenzo, Piazza del Duomo, el Ponte Vecchio. Estar alerta en el bus a Piazzale del Michelangelo, Fiesole y los aeropuertos.

A TENER EN CUENTA

Precauciones
Candar las bicis; hay robos frecuentes.

Terremotos
Pese a haber actividad sísmica en la región, los seísmos rara vez superan los 2 grados de magnitud.

Terrorismo
Hay muchas medidas de seguridad en estaciones, aeropuertos y reclamos turísticos.

Turismo responsable

Consejos para dejar una huella menor, apoyar a los comercios locales y tener un impacto positivo en la comunidad.

No contribuir a la masificación turística

Viajar en temporada baja Oct-mar es una época muy grata para visitar la región: el otoño viene cargado de las delicias culinarias. Las entradas a los museos están reducidas en noviembre y enero.

Hospedarse en alojamientos oficiales Reservar los hoteles a través de sus webs. Contribuir a aliviar la crisis habitacional crónica de Florencia dejando los alojamientos con cocina a los lugareños.

Prolongar la estancia Dedicar tiempo a explorar más allá de lo típico y de los centros urbanos de Florencia, Siena, Pisa o San Gimignano.

Desplazarse a pie, en bici o en patinete eléctrico

Realizar rutas temáticas por libre en barrios menos visitados de la mano de **Feel Florence** (feelflorence.it). Descargar *apps* para usar bicicletas públicas (convencionales o eléctricas) y patinetes compartidos (ridemovi.com, bitmobility.it, helbiz.com).

IMPRESCINDIBLE

Un recuerdo solidario

Comprar una vela en forma de Duomo de **Florence Factory,** hecha a mano con cera reciclada de iglesias por las personas "sin techo" del taller social Il Candelaio.

Comida sostenible

Escoger cafés, *trattorie* y restaurantes que se surtan de materias primas ecológicas de producción local de la Toscana. Buscar restaurantes y alimentos respaldados por Slow Food. Tratar de reducir el desperdicio de alimentos adquiriendo artículos horneados, comidas y productos sobrantes a través de la aplicación **Too Good to Go.**

Véase p. 25 para información sobre alquiler de bicicletas.

Recursos

● **ambiente.comune.fi.it/sportelloecoequo** Proyectos ecológicos y sostenibles impulsados por la ciudad de Florencia. ● **facebook.com/rifiutizero.firenze** Zero Waste Florence ● **facebook.com/slowfoodtoscana** Slow Food Tuscany

MODA SOSTENIBLE

Bio Fashion Lab (biofashionlab.com) es una tienda conceptual y espacio educativo de San Marco, que promueve la moda local, las prácticas éticas y una cultura de confección sin prisas. Intercambiar prendas, aprender a coser o comprar en marcas de moda itinerantes como **Whispr** (whispr2030.com).

Artículos 'vintage' y artesanales

En vez de comprar recuerdos de producción masiva, se recomienda apoyar a los comercios independientes y los talleres de artistas. La selección de artículos artesanales es inmensa: desde bolsos de piel, cerámica y mosaicos a los letreros tuneados de CLET, florines de oro de **Paolo Penko** (p. 59), perfumes inspirados en la costa toscana de **Lorenzo Villoresi** (p. 118), pasando por las deportivas veganas de **D.A.T.E.** (p. 35) y los zapatos artesanos de **Benheart.** También se puede adquirir prendas de segunda mano en tiendas *vintage* como **Tartan Vintage** (p. 73) y **Street Doing** (p. 89), o yendo a los rastros locales.

NO COMPRAR AGUA

Llevar una botella y rellenarla en el hotel o en las fuentes públicas desperdigadas por la ciudad. Se puede consultar en línea la ubicación de las *fontanelli*.

El cambio climático y los viajes

Es imposible ignorar el impacto de nuestros viajes y la importancia de hacer cambios. Lonely Planet anima a todos los viajeros a involucrarse en su huella de carbono. Muchas webs de líneas aéreas y sitios de reservas ofrecen la opción de compensar el impacto de los gases de efecto invernadero realizando donaciones para iniciativas respetuosas con el clima en todo el mundo.

Varias calculadoras en línea permiten saber las emisiones de carbono que genera un viaje; véase, p. ej., **resurgence.org.**

Accesibilidad

Acceso a museos

Los principales museos son accesibles en silla de ruedas, es decir, cuentan, p. ej., con entradas específicas, ascensores e itinerarios especiales. Las personas con discapacidades y sus cuidadores no pagan entrada en los museos municipales. Asimismo, se prevé que un ascensor subterráneo facilite el acceso a la parte superior de los jardines de Boboli.

Cómo desplazarse

El empedrado y las estrechas y destartaladas aceras suponen un reto en el *centro storico* de Florencia. Los tranvías y autobuses urbanos están equipados con rampas. **Ciao Florence** (ciaoflorence.it) organiza circuitos y traslados para viajeros en silla de ruedas y **Taxi 4390** (4390.it) posee amplios vehículos adaptados.

EN LA ESTACIÓN

En la estación de trenes de Santa Maria Novella, los viajeros con movilidad reducida pueden pedir una silla de ruedas y obtener asistencia para embarcar y transportar su equipaje en Sala Blu (cerca del andén 5).

Aeropuertos

Los aeropuertos de Florencia y Pisa ofrecen ayuda a pasajeros con movilidad reducida. Los desplazamientos en sillas de ruedas, rampas y otras asistencias se solicitan al menos 48 h antes en toscana-aeroporti.com.

IMPRESCINDIBLE

En museos de arte como los Uffizi o el Bargello, los modelos de escayola de obras de arte de la iniciativa **Uffizi by Touch** permiten a invidentes sentir las formas y texturas de cuadros y esculturas de renombre. Varias muestras incluyen explicaciones en braille. Se dispensan planos en la entrada de los museos.

En San Marco, un sendero olfativo recorre el Giardino dei Semplici, el jardín botánico de la Universidad de Florencia (s. XVI). Puede reservarse, para visitarlo, un carrito eléctrico con espacio para dos sillas de ruedas.

ALOJAMIENTO

La laberíntica distribución de los hoteles en *palazzi* históricos no resulta nada fácil para los viajeros con discapacidad. Los más amplios hoteles modernos suelen estar mejor preparados y atendidos.

Recursos

- **visittuscany.com/es** En inglés, al clicar en "Plan your Trip" y "Accessible Tuscany" se puede ver el itinerario de tres días "Florence without Barriers"; en español, en "Organiza" y "Toscana accesible" informan sobre museos accesibles y otras ideas de viaje.

Lo esencial

Horario comercial

En verano (temporada alta), el cierre suele ser posterior a los horarios indicados aquí; en invierno (temporada baja) ocurre a la inversa. Muchos restaurantes, tiendas y demás negocios cierran el 6 de enero (Epifanía) y el martes de carnaval (ppios feb).

Bancos 8.30-13.30 y 15.30-16.30 lu-vi

Oficinas de correos 8.15-18.00 lu-vi, hasta 12.30 sa

Tiendas 9.00-13.00 y 15.30-19.30 (o 16.00-20.00) lu-sa, 11.00-19.00 do

Supermercados 8.00-20.00

A TENER EN CUENTA

Hora local Horario de Europa central (GMT/UTC +1)

Prefijo local de Florencia 055

Emergencias 112

Población 366.500 hab.

ELECTRICIDAD

230V/50Hz

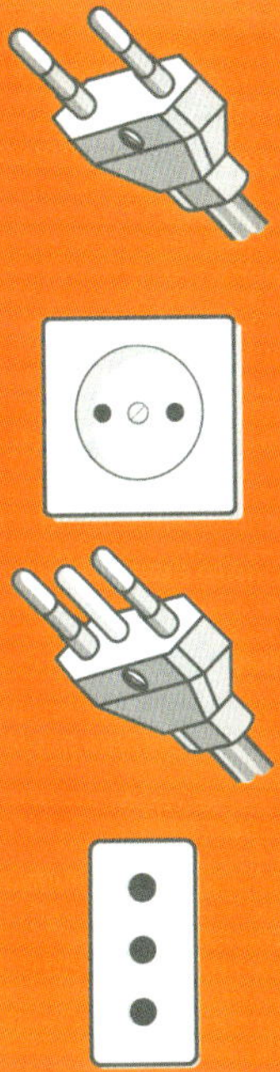

'Aperto' Abierto

'Chiuso' Cerrado

Fiestas oficiales

Anno Nuovo (Año Nuevo) 1 ene

Epifania o **Befana** (Epifanía) 6 ene

Domenica di Pasqua (Domingo de Pascua) Mar/abr

Pasquetta o **Lunedì dell'Angelo** (Lunes de Pascua) Mar/abr

Giorno della Liberazione (Día de la Liberación) 25 abr

Festa del Lavoro (Día del Trabajo) 1 may

Festa della Repubblica (Día de la República) 2 jun

Ferragosto (Día de la Asunción) 15 ago

Ognissanti (Día de Todos los Santos) 1 nov

Immaculata Concezione (Fiesta de la Inmaculada Concepción) 8 dic

Natale (Navidad) 25 dic

Festa di Santo Stefano (Día de San Esteban) 26 dic

Fumar

Está prohibido fumar en espacios públicos cerrados. Muchos restaurantes, cafés y bares tienen durante todo el año una terraza en la calle (calentada en invierno) donde se puede fumar.

Idioma

Lo básico

Hola.
Buongiorno.
buon·*jor*·no

Adiós.
Arrivederci.
a·rri·ve·*der*·chi

Hola/Adiós.
Ciao. (inf) chao

Sí/No.
Sì./No. si/no

Por favor.
Per favore.
per fa·*vo*·re

Gracias.
Grazie. *gra*·dsie

De nada.
Prego. *pre*·go

Disculpe.
Mi scusi.
mi *sku*·zi

Lo siento.
Mi dispiace.
mi dis·*pia*·che

Frases rápidas

¿Habla español?
Parla/Parli spagnolo?
(for/inf) *par*·la/*par*·li spa·ño·lo

No le entiendo.
Non capisco. non ka·*pis*·ko

Me gustaría...	**Vorrei...**	vo·*rrei*...
un café	**un caffè**	un ka·*fe*
la carta	**il menù**	il me·*nu*
dos cervezas	**due birre**	*du*·e *bi*·rre
una mesa (para tres personas)	**un tavolo (per tre persone)**	un *ta*·vo·lo per tre per·*so*·ne

¿Puede hablar más despacio?
Vorrei il conto, per favore.
vo·*rrei* il *kon*·to per fa·*vo*·re

¿Cuánto cuesta?
Quanto costa? *kuan*·to *kos*·ta

¿Puede hablar más despacio?
Può/Puoi parlare più lentamente, per favore?
(for/inf) puo/puoi par·*la*·re piu len·ta·*men*·te per fa·*vo*·re

¿Dónde está...	**Dov'è...**	do·*ve*...
la estación?	**la stazione?**	la sta·*dsio*·ne
el baño?	**il bagno?**	eel *ba*·ño
el cajero más cercano?	**il Bancomat più vicino?**	il *ban*·ko·mat piu vi·*chee*·no

¿Puede darme un recibo, por favor?
Può darmi una ricevuta, per favore?
puo *dar*·mi *u*·na ri·che·*vu*·ta per fa·*vo*·re

Números

1	2	3	4	5
uno	**due**	**tre**	**quattro**	**cinque**
u·no	*du*·e	*tre*	*kua*·tro	*chin*·kue

Información útil

Los dialectos son parte fundamental de la identidad de muchas regiones italianas, lo cual no es impedimento para que a uno lo entiendan si se ciñe al italiano estándar, que es el que se usa en este capítulo. Los sonidos que se utilizan en italiano existen en español. Una buena idea para desenvolverse mejor durante la estancia es hacerse con una guía de conversación a través de lonelyplanet.es.

COMPRAS

Me gustaría comprar...
Vorrei comprare...
vo·*rrei* kom *pra* re...

Solo estoy mirando.
Sto solo guardando.
sto so·lo guar·*dan*·do

¿Cuánto cuesta?
Quanto costa questo?
kuan·to *kos*·ta *kue*·sto

Es demasiado caro.
È troppo caro/cara.
e tro·po ka·ro/a

Emergencias

¡Socorro! **Aiuto!** a·*yu*·to

¡Llamen a la policía!
Chiami la polizia!
kia·mi la po·li·*dsi*·a

¡Llamen a un médico!
Chiami un medico!
kia·mi un *me*·di·ko

Me encuentro mal.
Mi sento male.
mi *sen*·to *ma*·le

Me he perdido. **Mi sono perso/ persa. (m/f)**
mi *so*·no *per*·so/a

¿Dónde está el aseo?
Dove sono i gabinetti?
do·ve *so*·no i ga·bi·*ne*·ti

TRANSPORTE E INDICACIONES

¿Dónde está...?
Dov'è ...? do·*ve* ...

¿Cuál es la dirección?
Qual'è l'indirizzo?
kua·*le* lin·di·*ri*·tso

¿Puede mostrármelo (en el mapa)?
Può mostrarmi (sulla pianta)?
puo mos·*trar*·mi (*su*·la pian·ta)

¿Para en...?
Si ferma a ...? si *fer*·ma ...

¿A qué hora sale...?
A che ora parte ...?
a *ke* o·ra *par*·te ...

¿Cómo se llega?
Come ci si arriva?
ko·me chi si a·*rri*·va

autobús **l'autobus**
lau·*to*·bus

billete **biglietto** bi·*lle*·to

horario **orario** o·*ra*·rio

tren **il treno** *tre*·no

6	7	8	9	10
sei	**sette**	**otto**	**nove**	**dieci**
sei	se·te	o·to	*no*·ve	*die*·chi

Índice

Puntos de interés p. 000
Págs. de los planos **p. 000**

Véanse también los subíndices:
Comer p. 189
Beber p. 190
Comprar p. 191

A

a pie 25, 180
accesibilidad 182
actividades 15, 117, 178
aeropuertos 24, 182
agua potable 179
alojamiento 23, 175
anfiteatro romano 95
Antica Farmacia di San Marco 77
Antinori nel Chianti Classico 10, 166
Area Archeologica 91
Arno 63
arquitectura 40, 126, 159, 175
arte 28
artesanía 10, 69
autobús, viajar en 24, 26, 27
automóvil, viajar en 24, 26

B

Bacarelli 63
Badia a Passignano 166
Badia Fiorentina 28
Bagni di Nerone 137
barco, viajar en 26, 144
Basilica Cateriniana di San Domenico 153, 162
Basilica della Santissima Annunziata 17, 85
Basilica di San Lorenzo 82
Basilica di San Miniato al Monte 17, 116
Basilica di Santa Croce 13, 99-100
Basilica di Santa Maria del Carmine 126
Basilica di Santa Maria Novella 63, 66-67
Basilica di Santa Trinità 70
Basilica di Santo Spirito 123-128
bebida 8, 56, 69, 104, 176-177, *véanse también barrios individuales y subíndice* Beber
Belvedere di San Prospero en Viale XXV Aprile 162-163
bicicleta 25, 27, 148, 167-168, 180
Boboli 107-119, **108, 110-111**
  circuito a pie 108-109
  beber 119
  comer 119
  comprar 119
  experiencias 116-118
  imprescindible 112-115
  transporte 107
Borgo San Frediano 123
Borgo Santa Croce 97
Borgo Stretto 143
Botticelli 47, 68, 80
Bruschi 63

C

cambio climático 181
Cantina de' Pucci 28
Cappella Brancacci 12, 126
Cappella dei Magi 37, 83-84
Cappella della Santissima Annunziata 85
Caravaggio 51, 113
Casa Ammannati 143
Casa Buonarroti 103
Casa di Santa Caterina 153
Casa Martelli 17, 86
Casamonti, Roberto 53
Castello di Ama 169
Castello di Brolio 169
Cattedrale di San Romolo 91
Cenacolo di Sant'Apollonia 77
Chianti 166-169
Chiesa d'Ognissanti 17
Chiesa dei Santi Michele e Gaetano 54-55
Chiesa di Ognissanti 63, 68
Chiesa di San Marco 77, 84
Chiesa di San Torpè 137
Chiesa di Sant'Agostino 170
Chiesa di Santa Felicità 17, 109, 128
Chiesa di Santa Margherita 54
Chiesa di Santa Maria della Spina 137
Chiesa e Museo di Orsanmichele 37
Chiostro dello Scalzo 77
ciclismo 25, 134, 167, 180
Cimitero degli Inglesi 84-85
Cimitero Monumentale delle Porte Sante 116
Cinema Odeon 55
circuitos 17, 53, 56, 169
circuitos a pie
  Boboli, San Niccolò y San Miniato al Monte 108-109, **108**
  Fiesole 90-91, **90**
  Oltrarno 122-123, **122**
  Pisa 136-137, **136**
  Santa Croce 96-97, **96**
  Santa Croce y Sant'Ambrogio 94-95, **94**
  Santa Maria Novella 62-63, **62**
  Siena 152-153, **152**
Clet 70, 118, 181
clima 22
Collezione Casamonti 70
Colonna della Giustizia 70
comida 6, 17, 176-177, *véanse también barrios individuales y subíndice* Comer
cómo llegar 24

compras 10, *véanse también barrios individuales y subíndice* Comprar
Contrada dell'Oca 153
Convento di San Francesco 91
Corridoio Vasariano 53, 109, 126, 128
Costa San Giorgio 109
Croce del Travaglio 153
cultura judía 163

D

D.A.T.E 35, 181
Da Vinci, Leonardo 49, 91
Dante (Alighieri) 13, 54, 95
David 37, 80
Del Duomo a Piazza della Signoria 33-59, **34, 36, 38-39**
beber 58-59
circuitos a pie 34-35, 36-37
comer 57-58
comprar 59
imprescindible 40-51
transporte 33
destacado por temporada 22
discapacidades, viajeros con 182
Duomo (Florencia) 12, 15, 17, 40-45
Duomo (Lucca) 148
Duomo (Pisa) 140
Duomo (San Gimignano) 170
Duomo (Siena) 153, 155-158

E

electricidad 183
emergencias 183
experiencias gratis 17

F

Fabio Figus 95
familia Medici 37, 53, 82-83, 84, 85
Female Arts in Florence 123
Festa di San Giovanni 22
Festival della Strada 14
festivales 22-23, *véanse también barrios individuales*
Fiesole 90-91, **90**
fiestas oficiales 183
fiestas y celebraciones 22-23
Firenze Rafting 15, 117
Firenze Rocks 23
Florence Cocktail Week 104
Fondazione Salvatore Romano 128
Fonte Giusta Academy 163
Forte di Belvedere 118
Fortezza da Basso 69
Fortezza Medicea 163
fotomatones 28
fumar 183

G

Gaiole in Chianti 167, 169
Galileo Galilei 53, 109, 143
Galleria Continua 14, 171
Galleria d'Arte Moderna 114
Galleria degli Specchi 84
Galleria degli Uffizi 46-51
Galleria dell'Accademia 12, 80-81
Galleria Palatina 113-114
Galleria Romanelli 123
Gentileschi, Artemisia 51
Giardini Bardino 117
Giardino dei Semplici 77
Giardino delle Camelie 115
Giardino delle Rose 16, 109
Giardino di Boboli 16, 115
Giardino Torrigiani 16, 127
Golden View 109
Gucci Garden 55

H

historia 13, 170
horarios 183
huso horario 183
HZERO 17, 69

I

idioma 184-185
Il Magnifico 162
Il Paralume 123
Il Porcellino 35, 56
imprescindibles 6-17, *véanse también ubicaciones individuales*
Istituto degli Innocenti 86
itinerarios 18-19

J

jardines 16, 163, *véanse también jardines individuales*

L

La Leggenda dei Frati 16, 117-118
La Riserva di Palazzo 54
La sala secreta de Miguel Ángel 83
La Specola 17, 127
Le Diesis 103
Le Murate 14, 95
Loggia dei Lanzi 17, 37
Loggia della Mercanzia 153
Lorenzini, Carlo 116
Lucca 15, 148-149

M

Maggio Musicale Fiorentino 22, 70
Mariano 35
Marina di Pisa 144
Mercato Centrale 82
Mercato dei Fiori 95
Mercato delle Cascine 10, 70
Mercato delle Pulci 95
Mercato di Sant'Ambrogio 10, 95
Mercato Nuovo 35, 56
mercado de Piazza Santo Spirito 10, 127
Miguel Ángel 37, 45, 49, 52, 80, 82-83, 103, 123
Mostra Internazionale dell'Artigianato (MIDA) 69
motocicleta, viajar en 26
MUS.E 109, 174
Museo Bandini 91
Museo Casa di Dante 54
Museo de' Medici 84
Museo degli Innocenti 37, 86
Museo degli Strumenti Musicali 81
Museo degli Strumenti per il Calcolo 143
Museo del Bargello 101-102
Museo del Tesoro di San Lorenzo 82-83
Museo dell'Opera del Duomo (Pisa) 140
Museo dell'Opera del Duomo (Florencia) 44
Museo dell'Opera Metropolitana 158

Museo della Contrada della Tartuca 153
Museo della Contrada Priora della Civetta 161-162
Museo della Moda e del Costume 115
Museo delle Cappelle Medicee 12, 37, 83
Museo delle Icone Russe 112
Museo delle Navi Antiche di Pisa 144
Museo delle Sinopie 141
Museo di San Marco 84
Museo Ebraico 163
Museo Galileo 53
Museo Marino Marini 63, 68
Museo Nazionale di Palazzo Reale 137, 143
Museo Nazionale di San Matteo 143
Museo Novecento 14, 68
Museo Pietro Annigoni 117
Museo Villoresi 118
Museo Zeffirelli 103-104
museos 14, *véanse también museos individuales*
música 126

N

negroni 8, 56
niños, viajar con 17, 53, 174

O

Officina de' Tornabuoni 54-55
Oltrarno 121-131, 124-125, 129-131, **122, 124-125**
beber 130-131
circuito a pie 122-123
comer 129-130
comprar 131
experiencias 126-128
transporte 121
Opificio delle Pietre Dure 86
Orto Botanico 163
Orto dei Pecci 163
Orto e Museo Botanico 143

P

Palazzina del Cavaliere 115
Palazzo Antinori 28, 54-55
Palazzo Bartolini Salimbeni 14, 53, 70
Palazzo Bianca Cappello 28, 123
Palazzo Blu 14, 137
Palazzo Comunale 170
Palazzo Davanzati 12, 35, 52
Palazzo dell'Orologio 137
Palazzo della Carovana 137
Palazzo della Sapienza 143
Palazzo delle Conchiglie 143
Palazzo Medici Riccardi 28, 37, 83-84
Palazzo Pfanner 16, 149
Palazzo Pitti 112-115
Palazzo Portinari Salvati 28
Palazzo Portinari Salviati 37, 55
Palazzo Strozzi 14, 52, 174
Palazzo Vecchio 13, 17, 52, 53, 128, 174
Palio 22, 161-162
Parco delle Cascine 15, 23
Parco di Montececeri 91
Parco Naturale di Migliarino San Rossore Massaciuccoli 15, 144
parques, *véanse también parques individuales*
Piazza dei Ciompi 95
Piazza dei Miracoli 139-142
Piazza del Campo 159-160, 161
Piazza dell'Anfiteatro 149
Piazza della Repubblica 35
Piazza della Signoria 17, 37
Piazza della Stazione 28
Piazza delle Vettovaglie 137
Piazza Mino 91
Piazza San Marco 77
Piazza Santa Maria Novella 63
Piazza Santa Trinita 70
Piazza Santissima Annunziata 77
Piazza Santo Spirito 10, 127
Piazzale Leonardo 91
Piazzale Michelangelo 17, 116
Pieve di San Leolino 167
Pinacoteca Nazionale 161
Pisa 13, 15, 135-147, **136, 138**
beber 146-147
circuito a pie 136-137
comer 145-146
comprar 147
experiencias 143-144
imprescindible 139-142
transporte 135
Pitti Uomo 69
planificación
consejos 21
dinero 21
FirenzeCard 21
lo básico en Florencia 20
precios 21
protocolo 20
reservas 20
ropa 20
playas 117, 144
Ponte alle Grazie 97, 118
Ponte Santa Trinità 17, 35, 126
Ponte Solferino 137
Ponte Vecchio 13, 109, 126
Porta di San Frediano 123
Porta di San Giorgio 109
Porta San Giovanni 170
Porta San Niccolò 109, 116
precios 27

R

Rafael 49, 113
Rampe del Poggi 116
Renacimiento, el 12, 36-37, 46, 126, 170
Rifugio Digitale 118
Rotonda del Brunelleschi 84

S

Sala di Dante 170
Salone dei Cinquecento 52
salud 179
San Gimignano 170-171
San Lorenzo 75-89, **76, 78-79**
beber 88-89
circuito a pie 76-77
comer 87-88
comprar 89
experiencias 82-86
imprescindible 80-81
transporte 75
San Marco 13, 75-89, **76, 78-79**
beber 88-89
circuito a pie 76-77
comer 87-88
comprar 89
experiencias 82-86
imprescindible 80-81
transporte 75

San Miniato al Monte 107-119, **108, 110-111**
beber 119
circuito a pie 108-109
comer 119
comprar 119
experiencias 116-118
imprescindible 112-115
transporte 107
San Niccolò 107-119, **108, 110-111**
beber 119
circuito a pie 108-109
comer 119
comprar 119
experiencias 116-118
imprescindible 112-115
transporte 107
Sant'Ambrogio 93-105, **94, 96, 98**
beber 105
circuito a pie 94-95
comer 105
comprar 105
experiencias 103-104
imprescindible 99-102
transporte 93
Santa Croce 93-105, **94, 96, 98**
beber 105
circuito a pies 94-95, 96-97
comer 105
comprar 105
experiencias 103-104
imprescindible 99-102
transporte 93
Santa Maria Novella 61-73, **62, 64-65**
beber 72
circuito a pie 62-63
comer 71
comprar 72-73
experiencias 68-70
imprescindible 66-67
transporte 61
Scoppio del Carro 53
Sentiero delle Cave 15, 91
Siena 13, 151-165, **152, 154**
beber 164-165
circuito a pie 152
comer 164
comprar 165
imprescindible 155-160
transporte 151
Spedale di Santa Maria della Scala 162
Spiaggia sull'Arno San Niccolò 117
Stella d'Italia 28
Street Levels Gallery 14, 69-70

T

Taste Florence 23
taxis 26
Teatro del Maggio Musicale Fiorentino 70
Tenuta di San Rossore 144
terremotos 179
terrorismo 179
Torre d'Arnolfo 15, 52
torre de Pisa, 139
Torre del Lago 144
Torre del Mangia 159
Torre delle Ore 148
Torre e Casa Campatelli 170
Torre Grossa 170
Torre Guinigi 148
transporte 24, 25-27
tranvía, viajar en 26
tren, viajar en 27
turismo responsable 180

V

Via de' Bardi 109
Via de' Tornabuoni 10, 35, 55
Via dei Neri 95
Via della Galluzza 153
Via di Belvedere 109
Via San Giovanni 170
viajar en bici, *véase* bicicleta
viajar en familia 17, 53, 174
viajar seguro 179
viajeros LGTBIQ+ 178
vida nocturna 176-177
Villa Bardini 117
Villa Bordoni 169
Villa e Giardino Bardini 16
Villoresi, Lorenzo 10, 118, 181
vino 166, 169
'Virgen del Hedor' 123

Z

Zeffirelli, Franco 103-104

Comer

A

Al Bagno di Nerone 145
Alla Vecchia Bettola 130
All'Antico Ristoro di' Cambi 130
Antica Noè 105
Antica Pasticceria Sieni 88
Antica Trattoria da Tito 87
ArtBurger 145
Atomic Falafel 87
Atto di Vito Mollica 55

B

Bar Ucci 167
Beppa Fioraia 119
Bistro Babae 28

C

Caffè Cortese 900 67, 71
Caffè del Verone 88
Cantina Vasari 145
Cantinetta dei Verrazzano 57
Cecchini Panini 167
Cibrèo Trattoria 105
Cioccolateria Ballerini 71
Coquinarius 58

D

Da Nerbone 77, 87
Da Vinattieri 6, 57
Dalla Lola 130
Drogheria 95

E

Echoes 171
Enoteca Bruni 71
Enoteca I Terzi 164
Enoteca Pinchiorri 105

F

Filter Coffee Lab 146
Fishing Lab 97
Formaggioteca Terroir 119
Forno Becagli 71
Forno Bruschi 88
Fuoco Matto 88

G

Galleria Iginio Massari 6, 54
Gelateria De' Coltelli 137, 146
Gelateria della Passera 129
Gelateria Dondoli 171
Giotto Pizzeria 71
Gli Orti di Via Elisa 149
Gurdulù 19, 130

I

Il Caffè dei Cavalieri 146
Il Cantuccio di San Lorenzo 88
Il Conventino 130
Il Magnifico 162
Il Santo Bevitore 129
Il Teatro del Sale 97
Il Trippaio del Porcellino 56
Il Vegetariano 176
Irene 57
I' Trippaio di San Frediano 129

L

La Cité 130
La Gelatiera 88
La Leggenda dei Frati 117-118
La Ménagère 88
La Riserva di Palazzo 54
La Sorbettiera 129
La Taverna di San Giuseppe 164
La Vecchia Latteria 164
Le Volpi e l'Uva 119
Libri Liberi 88
L'Ostellino 145

M

Mangiafoco 57
Mattacena 71
Mercato Centrale 6, 87
My Sugar 88

N

Numeroundici 145-146

O

Officina della Bistecca 167
Ostaria dei Centopoveri 71
Osteria da Trombicche 164
Osteria dei Cavalieri 145
Osteria di Culegna 146
Osteria I Buongustai 57
Osteria Il Grattacielo 164
Osteria La Sosta di Violante 164
Osteria Santo Spirito 127, 129

P

Pane e Vino 145
Panzano in Chianti 6, 166-167
Pasticceria Gamberini 71
Pier Pettinaio 164
Pitta M'Ingolli 127
Porci Comodi 145
Prosperino Bistrot 162-163
Pugi 87

Q

Quarto Bistrot 162-163

R

RAW 129, 176
Rifrullo 119
Ristorante La Bottega 167
Rufus 146

S

Sabatino 130
Salotto Portinari 6, 55
Salotto Portinari Bar & Bistrot 55
San Paolino 71
Santo Falafel 129
Sbrino 6, 123, 129
Schiaccia Passera 123, 129
SimBIOsi 87-88

T

Terrazza Menoni 105
Trattoria 4 Leoni 123
Trattoria 13 Gobbi 71
Trattoria da Stelio 145
Trattoria Guelfa 87
Trattoria Il Contadino 71
Trattoria Le Mossacce 57
Trattoria Mario 87
Trattoria Palle D'Oro 87
Trattoria Sant'Omobono 146
Tripperia Pollini 103

V

Venchi 57, 164
Vinandro 91
Vivoli 6, 103
Volpaia 167
Volta Pagina 146

W

Wild Buns 130

Beber

A

Alibi 89
Amblé 58
Angel 56

B

Bar Museo Opera del Duomo 58
Bitter Bar 97
Bottega Roots 165

C

Café Odeon 58
Caffè dell'Oro 58
Caffè Fiorella 157, 164
Caffè Gilli 35, 56
Caffè Rivoire 56
Casa del Vino 82
Chigian Art Café 165
Colle Bereto 58

D

Din Caffè 8, 116-117
Ditta Artigianale 103, 105, 117
Du Cose da Berna 165

E

Eby's 97
Empireo 104
Enoteca Alessi 58
Enoteca Bellini 63, 72

F

Fermenthinks 28, 104
Flò 117
Fratelli Zanobini 82

G

Giacosa 56
Giacosa 1815 19, 72
Giardino 25 55
Gran Caffè San Marco 77
Gucci Giardino 25 59

H

High Bar 119
Hotel Palazzo Guadagni 127

J
Jeffer 147
L
La Boite 72
La Dolce Vite 147
La Riserva di Palazzo 54, 58
La Terrazza 56
L'Etrusco 146
Le Vespe Café 105
Locale 19, 97, 104
M
MAD Souls & Spirits 131
Manifattura 72
Mariano 35
Melaleuca 105
Move On 56, 59
N
Nannini 165
Next Door 131
NOF 130
O
Orzo Bruno 146
P
PanicAle 88-89
Procacci 35-58
Punte Party 147
Rasputin 131
R
Rex 89, 177
S
Sabor Cubano 89
San Martino 26 171
Santarosa Bistrot 16, 130
Scaccomalto 146
Serre Torrigiani 127, 131
SE·STO on Arno 8, 69, 72
Shake Café 58
Space Club 72, 177
Surf Ventura 119
T
The Arts Inn 72
The Joshua Tree Pub 72
The Social Hub Rooftop Bar 69, 72
Tosca & Nino 56
U
Un Caffè 89
V
Vernaccia di San Gimignano Wine Experience 171
Via Vai 147
Vineria Sonora 88
Vino Divino 82
Volume 127, 130

Comprar

A
Angela Caputi 59
Angela Carli 165
Antica Drogheria Manganelli 165
Antico Setificio Fiorentino 131
Aquaflor 97, 104
Arte e Libri 72
B
Benheart 59, 73, 181
Bottega Montebello 89
Bottega Pendolare 89
Brocchi 1815 165
C
Campagna Amica 165
Castorina 131
Chioschetto 105
Contempo Records 105
Cortile Fossombroni 73
D
Dhai Studio Atelier 119
F
Farmacia dei Monaci 119
Florence Factory 105, 180
Forno di Antonio Mattei 59
G
Galleria Frilli 63, 73
Giotti Ceramiche 73
Giulia Materia 131
I
Il Bisonte 73
Il Galeone 165
Il Papiro 89
Il Vecchio Forno 147
K
Keramì 147
L
La Casa Della Stampa 131
La Fabbrica delle Candele 165
La Galleria del Disco 147
LGR 59
L'Ornitorinco 131
L'Orsa Minore 147
Luisa Via Roma 59
Luna Nuova 147
M
Melrose Vintage 89
Mercato delle Vettovaglie 147
Mercato di Piazza d'Ognissanti 73
Mercato di San Martino 147
Mio Concept 73
O
Officina Profumo Farmaceutica di Santa Maria Novella 63, 73
P
Paolo Penko 59, 181
Pegna 59
R
Red Light Rock Shop 89
Riccardo Luci Marbled Paper 73
S
Sandra Kern 165
Scarpelli Mosaici 89
Sleeve Records 73
Stefano Bemer 119
Street Doing 89, 181
T
taller de Oltrarno (estudio de Clet) 118
Tartan Vintage 73, 181
Todo Modo 63, 72
Todo Modo Dilà 131
Trame di Storia 165
V
Via dei Benci 97
Via del Proconsolo 97

La opinión del lector

Nos encanta escuchar a los viajeros, ya que con sus comentarios nos ayudan a mejorar nuestros libros. Podéis escribirnos a lonelyplanet.com/contact; leemos todos los mensajes y garantizamos que estos lleguen a los autores.

Nota: Es posible que algunos fragmentos de estos mensajes aparezcan en nuevas ediciones de las guías Lonely Planet, en la web o en productos digitales. Si preferís que vuestro contenido o nombre no sean publicados, por favor, indicadlo claramente. Para obtener una copia de nuestra política de privacidad, podéis visitar lonelyplanet.com/legal.

geoPlaneta
Av. Diagonal 662-664, 08034 Barcelona
www.geoplaneta.com – www.lonelyplanet.es

Lonely Planet Global Limited
Lonely Planet Global Limited, Digital Depot,
The Digital Hub, Dublín D08 TCV4, Irlanda
www.lonelyplanet.com
Contacta con Lonely Planet en: lonelyplanet.com/contact

Florencia y la Toscana de cerca
6ª edición en español – enero del 2025
Traducción de *Pocket Florence & Tuscany*, 7ª edición – septiembre del 2024

1ª edición en español – enero del 2009

Editorial Planeta, S.A.
Av. Diagonal 662-664, 7º. 08034 Barcelona (España)
Con la autorización para la edición en español de Lonely Planet Global Limited, Digital Depot,
The Digital Hub, Dublín, D08 TCV4, Irlanda

ISBN: 978-84-08-29710-9
Depósito legal: B. 17.343-2024
Impresión y encuadernación: Unigraf
Printed in Spain – Impreso en España